AF138845

Der Autor

Volker Göx wurde 1955 in Burgsteinfurt geboren und wuchs in Tecklenburg auf. Nach dem Abitur studierte er in Münster Romanistik und Germanistik. Noch während des Studiums wandte er sich allerdings der Computertechnik zu und war von 1983 bis 1994 als selbstständiger Kaufmann, Unternehmensberater und Anwendungsprogrammierer tätig. Seit 1994 arbeitet er als freier Wort- und Bildjournalist und Autor im Osnabrücker Land und im angrenzenden Ostwestfalen. Volker Göx lebt in Bad Laer. Er ist verheiratet und hat eine erwachsene Tochter.

Volker Göx

Was dachtest du denn, Schatz?

Satirische Geschichten

BoD – Books on Demand, Norderstedt
2017

2. Auflage 2017

Herstellung und Verlag: BoD – Books on Demand, Norderstedt

Umschlagbild: Alexandra Hopp/pixelio.de

ISBN: 978-3-7322-5468-2

Bibliografische Information der Deutschen Nationalbibliothek:
Die Deutsche Nationalbibliothek verzeichnet diese Publikation
in der Deutschen Nationalbibliografie; detaillierte bibliografische
Daten sind im Internet über www.dnb.de abrufbar.

Inhalt

Vorwort zur zweiten Auflage

Was dachtest du denn, Schatz?

Fixsterne und andere Katastrophen

Abschalten ist auch keine Lösung

Fichtennadeln im Festtagsbraten

Vorwort zur zweiten Auflage

Nach der Veröffentlichung von »Was dachtest du denn, Schatz?« wurde ich immer wieder einmal gefragt, wie mir die darin versammelten Geschichten eingefallen seien. Einige Leser vermuteten, dass es sich um tatsächliche Begebenheiten aus der eigenen Familie und dem Freundes- und Bekanntenkreis handeln könnte, die ich dann nur noch humoristisch zurechtgebogen hätte. Der eine oder andere Freund, die eine oder andere Verwandte meinte sogar, sich in mancher Geschichte wiederzufinden.

Das stimmt natürlich nicht! Die kleinen Geschichten sind vielmehr entstanden, weil ich mir irgendwann einmal die Frage stellte, warum unsere Welt so ist, wie sie ist, und warum vor allem unser Alltag so ist, wie er ist. Und so kam ich nach längerem Nachdenken zu drei grundlegenden Erkenntnissen.

Alles begann im Paradies. Als Gott der Herr sprach: »Es ist nicht gut, dass der Mensch allein sei«, ahnte er nicht, dass diese Überlegung zu einer unbeherrschbaren Kettenreaktion mit verheerenden Folgen führen würde. Schon die erste Tat, mit der er sein gut gemeintes Vorhaben umzusetzen begann, die Erschaffung der Gehilfin, die um den Menschen sein sollte, brachte sofort mehr Probleme mit sich, als dem Allmächtigen lieb sein konnte. Bewies sie doch umgehend, dass sogar der Allmacht Gottes enge Grenzen gesetzt sind, sobald ein weibliches Wesen ins Spiel kommt (besonders wenn man diesem auch noch Requisiten wie Äpfelchen und Schlangen zur Verfügung stellt).

Nachdem Gott diese (sehr verfrühte) Büchse der Pandora einmal geöffnet hatte, schaffte er es nicht, sie wieder zu schließen. Lots Weib, Delila, Salome, Xanthippe, Alice

Schwarzer, Rita Süssmuth und Sahra Wagenknecht: Die Liste der weiblichen Wesen, die sich Gottes Plänen einer Gehilfin widersetzten und damit nicht nur dem Allmächtigen, sondern auch ihren jeweiligen Zeitgenossen erheblichen Kummer bereiteten, ist schier endlos. Verhindern konnte der Herr im Himmel alle diese Unbotmäßigkeiten nicht, nur anschließend Strafen verhängen (was zumindest bei Alice Schwarzer, Rita Süssmuth und Sahra Wagenknecht bis heute aussteht - entweder kommt da noch etwas oder der Allmächtige hat, was wahrscheinlicher ist, mittlerweile resigniert und das Strafen aufgegeben).

Damit wären wir bei Erkenntnis Nummer eins: Gut gemeint ist auch bei Allmächtigen nicht immer gut gemacht.

Den zweiten Fehler beging Gott, als er den ersten beiden Menschen auftrug: »Seid fruchtbar und vermehrt euch.« Natürlich hatten die zwei nichts Besseres zu tun, als das wörtlich zu nehmen und sofort zur Tat zu schreiten. Mit weitreichenden Konsequenzen, wie wir heute wissen: Da die Natur es - ob mit oder ohne Gottes Zutun, ist noch nicht abschließend geklärt - so eingerichtet hat, dass immer rund 50 Prozent aller Neugeborenen weiblich sind, ist die Erde zwangsläufig bevölkert von Schwiegermüttern, angeheirateten Tanten, Schwippschwägerinnen, besten Freundinnen, Supermarkt-Kassiererinnen, Kolleginnen und Barbara Schöneberger. Und sie alle reden dem Mann, der ja ursprünglich einmal als Einzelgänger geschaffen wurde, ständig in seine persönlichen Dinge hinein, mischen sich ungefragt in seine ur-maskulinen Angelegenheiten, versuchen ihn zurechtzubiegen und haben ständig etwas an ihm auszusetzen.

Was uns zu Erkenntnis Nummer zwei bringt: Mutter Natur ist ein böses Weib. Was auch sonst!

Allerdings - das darf nicht unerwähnt bleiben - konnte es natürlich nur soweit kommen, weil Adam selbst den entscheidenden Fehler machte. Schließlich hätte er Apfel Apfel und Eva Eva sein lassen können. Dann würde er heute noch glücklich und zufrieden im Paradies lustwandeln, gelegentlich mit den Engeln eine Runde Poker spielen und ab und an mit den Cherubim ein Gläschen Nektar schlürfen (oder was es sonst so an Cocktails im Paradies gibt). Aber nein, naiv und gutgläubig, wie er nun einmal war, musste er natürlich den Einflüsterungen seiner Liebsten folgen und ihr das Obst vom Baum holen. Anschließend, also nach der Vertreibung aus den paradiesischen Poker-Runden, durfte er sich dann vermutlich auch noch von Eva anhören, dass er ihr das ganze Leben verpfuscht habe, und das, obwohl sie ihm ihre Jugend und Schönheit und überhaupt alles andere geopfert habe.

Womit wir bei der dritten und entscheidenden Erkenntnis angelangt wären: Gott kann Fehler machen und Mutter Natur ist ein böses Weib - aber der Dumme ist am Ende immer der Mann!

Diese dritte Erkenntnis schließlich brachte mich dazu, die in diesem Büchlein enthaltenen Geschichten (nahezu frei) zu erfinden. Ähnlichkeiten mit tatsächlich existierenden Personen sind rein zufällig, waren aber natürlich unvermeidlich. Und, das sei zugegeben, auch ein ganz klein wenig beabsichtigt.

Bad Laer, im Januar 2017
Volker Göx

Was dachtest du denn, Schatz?

Viele Jahrhunderte lang erlebten Männer im Herbst ihres Lebens den Zweiten Frühling. Dann erfand man die Psychologie, die Selbstverwirklichung und die Männermagazine – und aus der maskulinen Spätromantik wurde die Midlife-Crisis. Heute weiß man dank intensiver medizinischer Forschung: Auch Männer haben schlicht und ergreifend Wechseljahre. Der Fachausdruck dafür ist »Andropause«, aber um einen entspannten Lebensabschnitt handelt es sich dabei nicht. Ganz im Gegenteil.

Knieschmerz, Silberfäden und kleine Buchstaben

Eines verregneten Neumond-Abends im Oktober schmerzte plötzlich mein linkes Knie. Da ich weder wetterfühlig bin noch unter Mondphasen zu leiden pflege, war es mir ein Rätsel, was die Ursache sein könnte. »Du wirst dich vertreten haben«, diagnostizierte meine liebende Gattin sanft lächelnd und gab mir den Rat, nicht weiter darauf zu achten. Wenigstens die bisher einzige unserer Töchter bedauerte mich ausgiebig, was aber in erster Linie daran lag, dass ich sie wegen meiner Knieschmerzen nicht auf den Schoß nehmen wollte.

Am nächsten Morgen fiel mir beim Blick in den Spiegel eine graue Stelle in meinem ansonsten makellos brünetten Bart auf. Ich hätte schwören können, dass diese am Tag zuvor noch nicht vorhanden gewesen war. Meine liebende Gattin kommentierte die Silberfäden lediglich mit einem knappen »Hab' dich nicht so, das sieht doch sehr seriös aus« und wandte sich wieder ihrem Frühstück zu. Die bisher einzige unserer Töchter versuchte mich aufzumuntern, indem sie ausgiebig die graue Stelle kraulte, während sie sich verabschiedete, um sich auf den Weg zur Schule zu machen. Ich begab mich ins Bad und wusch meinen Bart. Vergebens. Die graue Stelle blieb. Schweren Herzens beschloss ich, den Vollbart zu opfern und ab sofort Schnäuzer zu tragen.

Einen Tag später entdeckte ich während der Morgentoilette eine ungewöhnlich große Menge ausgefallener Haare im Kamm. Die genauere Untersuchung ergab, dass es sich bei diesen zweifelsfrei um Einzelteile meines eigenen Kopfschmucks handelte. Panik befiel mich. Intensiv kämmte ich so lange weiter, bis keine Haare mehr auszugehen schienen. Anschließend begab ich mich auf leisen Sohlen in mein Arbeitszimmer und begann, die losen Exemplare zu zählen. Als ich bei 107 angekommen war, öffnete meine liebende Gattin die Tür. Der Durchzug fegte die Haare vom Schreibtisch und verteilte sie schön gleichmäßig auf dem Teppichboden.

Eine knappe halbe Stunde später, gleich nachdem ich den Staubsauger in die Besenkammer geräumt hatte, goss ich mir einen Kaffee ein und setzte mich wieder an meinen Schreibtisch. Schon beim ersten Schluck schrie ich laut auf. Wie aus heiterem Himmel hatte einen der oberen Schneidezähne bei der Berührung mit dem Heißgetränk ein heftiger Schmerz durchzuckt. Ich lief in die Küche, holte einen Eiswürfel aus dem Gefrierfach und biss darauf. Der Schmerz blieb.

Mein Zahnarzt nahm mich zum Glück sofort dran. Er schaute mir kurz in den Mund, nickte dann vielsagend und murmelte: »Der muss raus.« Eine Stunde später kehrte ich mit einer dekorativen Zahnlücke versehen nach Hause zurück. Der Zahnersatz sollte spätestens in zwei Wochen fertig sein. Am Nachmittag machte sich die bisher einzige unserer Töchter einen Spaß daraus, ihre Zahnlücken mit meiner zu vergleichen. Ich gewann, weil ich die größeren Zähne habe, und strich ihr die abendliche Familienserie.

Am folgenden Morgen stellte ich fest, dass die Redaktion unserer örtlichen Tageszeitung beschlossen hatte, die Größe der Buchstaben drastisch zu verringern. Ich konnte nichts entziffern. Auf meine Bitte hin erklärte sich meine liebende Gattin – wenn auch widerstrebend – bereit, mir die wichtigsten Artikel vorzulesen. Allerdings litt der Ernst der lokalpolitischen Kommentare erheblich unter ihrem ständigen Gekicher. Als es mir zuviel wurde, holte ich eine Lupe aus dem Schreibtisch unserer Tochter.

Der Sehtest beim örtlichen Brillenmacher meines Vertrauens ergab, dass ich zusätzlich zu der mir angeborenen Kurzsichtigkeit plötzlich unter akuter Weitsichtigkeit zu leiden schien. Der Augenoptiker empfahl mir die Anschaffung einer Gleitsichtbrille, damit lasse sich das Problem umgehend beheben. Die Kosten hielten mich davon ab, sofort eine entsprechende Sehhilfe in Auftrag zu geben. Ich empfahl mich mit dem Hinweis, zuvor noch einen Augenarzt konsultieren zu wollen. Anschließend kündigte ich das Abonnement unserer Lokalzeitung und bestellte ein Blatt mit größeren Buchstaben.

Tags darauf, wir lagen noch im Bett, klingelte in aller Herrgottsfrühe das Telefon. Wilfried und Friederike waren dran. »Herzlichen Glückwunsch!«, schallte es mir durch den Hörer entgegen. Im Hintergrund sang der Nachwuchs unserer besten Freunde zweistimmig und leicht schräg »Happy Birthday«. Meine liebende Gattin hauchte mir einen Kuss auf die Wange.

»Du«, hörte ich Wilfried am anderen Ende der Leitung sagen, »wir haben uns diesmal ein ganz besonderes Geschenk ausgedacht: ein Jahr kostenlose Mitgliedschaft in der Seniorenmannschaft des Billardclubs. Heute Abend bringen wir die Urkunde mit.« Noch bevor er seine Ankündigung beendet hatte, umarmte mich von hinten die bisher einzige unserer Töchter mit einer Hand. In der anderen hielt sie ein selbstgemaltes Bild, das mich grauhaarig, an Krücken und mit plakativer Zahnlücke zeigte, während ich aus den Händen eines breit grinsenden Augenoptikers meine neue Gleitsichtbrille entgegennahm. Ich sank in die Kissen zurück. Auf dem Weg in die Ohnmacht hörte ich meine liebende Gattin noch fragen »Na, wie fühlt man sich denn so ...« Dann wurde es dunkel.

Als der Wecker klingelte, erwachte ich wie gerädert. Mein erster Blick galt der Uhr. Sie zeigte halb acht. Ein kleines Wunder war geschehen: Mein Knie schmerzte nicht mehr. Wie jeden Morgen lag neben dem Bett die gewohnte Lokalzeitung, die die bisher einzige unserer Töchter bereits aus dem Briefkasten geholt hatte. Alle Buchstaben, auch die kleinsten, waren deutlich zu erkennen. Die Zahnlücke war verschwunden. Ich strich mir über die Haare. Keine losen Exemplare umwehten mich. Mein Vollbart kratzte ein wenig.

Noch vor dem Aufstehen erzählte ich meiner liebenden Gattin von dem Traum. Sie grinste frech aus ihren Kissen. »Kein Wunder«, sagte sie dann. »Schließlich wird man nicht jeden Tag vierzig. Herzlichen Glückwunsch, Schatz!«

Die größte Erfüllung im Leben aller Eltern ist es, die lieben Kleinen heranwachsen zu sehen. Tag für Tag freut man sich darüber, wie sie aufblühen und gedeihen. Selbst die regelmäßigen kleinen Streiche, die immer wiederkehrenden Trotzphasen und die ständigen »Warums« und »Weshalbs« können diese Freude nicht dauerhaft trüben. Aber kein Glück auf Erden ist vollkommen: Irgendwann kommt dieser eine Tag im Jahr, an dem man das Älterwerden seines Nachwuchses verflucht und sich wünscht, die Gören wären nie geboren.

Volles Programm für die Kids

Vor einiger Zeit stand wieder einmal der alljährliche Kindergeburtstag ins Haus. Die bisher einzige unserer Töchter wurde neun, und das musste natürlich sorgfältig vorbereitet werden. Also berief meine liebende Gattin eine Woche vor dem Festtag eine Sitzung des Familienrats ein, um die Feierlichkeiten zu planen.

Die Erinnerungen an die Kindergeburtstage meiner frühen Jahre sind dunkel, aber angenehm. Also dachte ich an nichts Böses, als meine liebende Gattin vorschlug, wir sollten doch erst einmal Revue passieren lassen, was alles auf den bisher bekannten Kindergeburtstagen gelaufen sei. »Denk mal nach, Schätzchen«, ermunterte sie unsere Tochter, »wo warst du denn überall?«

Spontan fiel der bisher einzigen unserer Töchter natürlich der Geburtstag ihrer besten Freundin Nele ein. »Da war Tanja nach dem Kuchen mit uns allen im Kino.« Ich horchte auf. Kino? Tanja und Dieter, Neles Eltern, geht es zwar recht gut, aber unsere zweitbesten Freunde sind beileibe keine Großverdiener. »... in Ice Age 4«, setzte unsere Tochter noch hinzu und erwähnte beiläufig, dass soeben ein neuer, voll cooler 3D-Film in den Lichtspieltheatern angelaufen sei. Ich wandte ein, dass mir ein Kinobesuch für mindestens acht Gören ein wenig übertrieben erscheine, wurde aber von meiner liebenden Gattin überstimmt: »Etwas Besonderes müssen wir den Kindern schon bieten, das ist so üblich seit einiger Zeit. Kino ist in Ordnung!«

Vage gingen mir Nachmittage mit heißem Kakao, Schokoladen-Wettessen und Schnitzeljagden durch den Kopf. »Und anschließend?«, fragte die bisher einzige unserer Töchter. »Was machen wir nach dem Kino?«

Ich war zwar der Meinung, dass ein gemeinschaftlicher Kinobesuch mehr als hinreichend sei für einen Kindergeburtstag und mehr als ausreichend im Hinblick auf die Belastung meines Geldbeutels, musste mich aber erneut eines Besseren belehren lassen. »Schließlich müssen die Kleinen ja noch zu Abend essen, bevor wir sie wieder zu Hause abliefern«, stellte meine liebende Gattin in jenem Ton fest, der Widerspruch zwecklos erscheinen lässt. »Wie wäre es mit Hamburgern?« Ich war sofort einverstanden. Hamburger kann man tiefgefroren kaufen, das würde nicht allzu teuer werden. Denkste. »BurgerMac!«, vernahm ich die begeisterte Stimme der bisher einzigen unserer Töchter. »BurgerMac, Mama, bitte ...« Ich rechnete: acht Spaßburger, acht Portionen Pommes frites, mindestens acht Cola, alles zusätzlich zum Kinobesuch, das würde überschlägig ...

»Kuck nicht so sparsam!«, tadelte mich meine liebende Gattin. »Das muss heute einfach sein. Nachbar Schmidtke war neulich mit den Kindern sogar beim Chinesen, da war unsere Tochter auch eingeladen. Wir werden uns doch nicht lumpen lassen.«

Lumpen lassen wollte ich mich natürlich nicht, also stimmte ich schweren Herzens auch diesem Teil der Festivitäten zu. »Jetzt zu den Abschiedsgeschenken«, schnitt meine liebende Gattin den nächsten Punkt an. Ich erschauerte. Abschiedsgeschenke? »Für unsere kleinen Gäste natürlich, Du Schaf«, beschied sie mir und ging die Liste der Dinge durch, die die bisher einzige unserer Töchter in diesem Jahr bereits angeschleppt hatte: »Eine CD von Justin Bieber, zwei Amazon-Gutscheine, mehrere Bücher und jede Menge Süßes.« Das sei eine schöne neue Sitte aus Amerika, dort beschenke man schon seit langem die Gäste zum Abschied.

Da plötzlich begriff ich, worum es bei modernen Kindergeburtstagen geht. Nicht kleckern, klotzen hieß die Devise, denn das Ansehen der Familie stand auf dem Spiel. »Alles Unsinn!«, sagte ich laut. »Wenn wir wirklich etwas Ordentliches bieten wollen, dann müssen wir das völlig anders angehen. Lasst mich nur machen.«

Es wurde ein perfekter Kindergeburtstag. Zuerst holten wir unsere zwölf kleinen Gäste von der Schule ab und aßen alle gemeinsam bei BurgerMac zu Mittag. Danach besichtigten wir die Kulturabteilung unserer örtlichen Tageszeitung, wo wir sogar an einer Redaktionsbesprechung teilnehmen durften. Den Rest des Nachmittags verbrachten wir im Theater bei der Premiere des sehr ansprechenden und pädagogisch äußerst wertvollen Multi-Kulti-Kindermusicals »Der Zauberer der Hinterhöfe«. Anschließend gönnten wir uns ein opulentes Abendessen bei Gino, unserem Stamm-Italiener, mit Tintenfischringen und Scaloppini. Zum Abschluss gestattete ich den lieben Kleinen noch einen Besuch im Amphibienstützpunkt der örtlichen Naturschutz-Jugend, wo sie einem Vortrag über den bedrohten Lebensraum der Gelbbauchunke lauschen durften. Gegen elf Uhr abends fuhren meine liebende Gattin und ich sie einzeln nach Hause, nicht ohne jedem noch eine handsignierte Erstausgabe der neuesten, natürlich in Deutschland noch unveröffentlichten Justin-Bieber-CD mit auf den Weg gegeben zu haben, die ich extra von einem guten Freund in Los Angeles hatte besorgen lassen.

»Das war doch mal ein erfolgreicher Kindergeburtstag«, sagte ich mit stolzgeschwellter Brust zu meinen beiden Damen, als wir erschöpft, aber zufrieden zu Hause ankamen. »Es kann uns keiner nachsagen, wir hätten uns lumpen lassen.«

Für nächstes Jahr plane ich – aber das ist selbstverständlich noch streng geheim – anlässlich unseres zehnten Geburtstags eine Dreitagesfahrt nach Paris. Dort besuchen wir natürlich erst einmal das Disneyland. Mit den Eltern der lieben Kleinen geht es außerdem ins Lido. Ob wir dann noch die altägyptologische Abteilung des Louvre besichtigen oder uns eine Führung durch die Pariser Katakomben gönnen, muss ich noch festlegen. Vielleicht plane ich auch beides ein. Schließlich feiert man nicht alle Tage ein rundes Wiegenfest, da darf man ruhig großzügig sein.

Wenn das Programm feststeht, muss ich nur noch die bisher einzige unserer Töchter davon überzeugen. Sie schwärmt nämlich in letzter Zeit auffällig oft von Schnitzeljagden und Schokoladen-Wettessen.

Zu den segensreichsten Erfindungen des 20. Jahrhunderts gehören ohne jeden Zweifel die elektrischen Küchengeräte. Wo Generationen von Hausfrauen zuvor selbst mühsam Hand anlegen mussten, genügte es ab sofort, einfach einen Stecker in eine Steckdose zu stecken und einen Knopf zu drücken – und schon nahmen einem Kaffeemaschine, Toaster und Co. lästige Arbeit ab. Im 21. Jahrhundert wurden dann aus den elektrischen die elektronischen Küchenhelfer, und die modernen Heinzelmännchen wurden immer intelligenter. Allerdings auch erheblich störrischer.

Billardkugeln mit Senfsoße

Ausgerechnet am Mittwoch vor Ostern gab unser Eierkocher seinen Geist auf. Wilfried und Friederike, unsere besten Freunde, waren mit den Kindern zum Abendessen geblieben und die lieben Kleinen hatten sich weichgekochte Eier gewünscht. Diesen außerplanmäßigen Einsatz überlebte das schon ein wenig betagte Gerät nicht. Gekochte Eier gibt es bei uns nämlich üblicherweise nur zum Sonntagsfrühstück. An allen anderen Wochentagen liegen wir mit Ausnahme einer gelegentlichen Portion Spiegelei mit Spinat voll im cholesterinarmen Trend. Da diese Ernährungsgewohnheiten selbst in den Augen meiner ökologischen Schwiegermutter ein vertretbares gesundheitliches

Restrisiko darstellen, hatte sie uns vor einigen Jahren den nunmehr dahingeschiedenen Küchenhelfer geschenkt.

»Wir brauchen sofort einen neuen«, befand noch am Abend meine liebende Gattin mit jener Stimmlage, die keinen Aufschub duldet. Also machte ich mich am Gründonnerstag gleich nach dem Frühstück auf, um im nächstgelegenen Elektromarkt einen Eierkocher zu erstehen. Kaum zwei Stunden später – die Welle der Ostereinkäufe hatte bereits begonnen – traf ich mit einem hochmodernen Produkt der Haushaltsgeräte-Industrie unter dem Arm wieder zu Hause ein.

Dank des allgemeinen technischen Fortschritts war der neue Eierkocher voll elektronisch und daher energiesparend. Ansonsten glich er unserem alten wie ein Ei dem anderen. Mit seinem Vorgänger hatte ich ziemlich lange experimentieren müssen, um die ideale Wassermenge zur Zubereitung von Eiern mit dem von uns bevorzugten Härtegrad zu ermitteln. Ich freute mich daher sehr, dass der Hersteller Form und Größe des benötigten Dosierbechers nicht verändert hatte. Schließlich drängte die Zeit, Ostern stand vor der Tür. Also führte ich unter Zuhilfenahme des mir im Lauf der Jahre ans Herz gewachsenen alten Messbechers am Abend ein Testkochen durch. Wenn Eier rund wären, hätten wir mit dem Ergebnis Snooker spielen können. Ich aß zwei der Billardkugeln zum Abendessen. Man soll nichts umkommen lassen.

Derart gestärkt las ich dann erst einmal die Bedienungsanleitung unseres neuen Geräts. Darin bestand der Hersteller fettgedruckt und unter Androhung des Verfalls der Garantie auf der ausschließlichen Verwendung des mitgelieferten Messbechers. Also packte ich am Freitagmorgen die alte Dosierhilfe mitsamt meinen Erfahrungswerten in die Gelbe Tonne und fischte die neue aus der bereits als Altpapier entsorgten Verpackung.

Als kleine Entschädigung für diese Mühe entdeckte ich am unteren Ende des neuen Messbechers eine feine Nadel. Mit dieser sollte man vor dem Kochen in die Eier pieksen, damit sie nicht platzen. Ich piekste. Meinen Probier-Exemplaren war das egal. Sie platzten trotzdem. Glücklicherweise fiel das nicht allzu sehr ins Gewicht, denn die Eier waren erneut steinhart. Mittags aßen wir sie mit Senfsoße und ließen die ursprünglich vorgesehenen Fischstäbchen im Tiefkühlfach.

Während der Mittagszeit führte meine liebende Gattin unter tatkräftiger Mithilfe der bisher einzigen unserer Töchter einen eigenen Eierkochertest durch. Die marmorartigen Ergebnisse servierte sie ihrer bei uns zu Besuch weilenden Mutter und deren Lebensgefährten zum Nachmittagskaffee. Meine ökologische Schwiegermutter murmelte etwas von »übertriebener Salmonellenangst«, als sie die letzten Bröckchen heruntergeschluckt hatte. Man müsse Eier nicht eine halbe Stunde lang kochen, bedeutete sie uns mit hochgezogenen Augenbrauen. Sieben Minuten genügten völlig, um alle Keime abzutöten.

Daraufhin erbettelte ich – es war Karfreitag und der Wochenmarkt ausgefallen – nebenan bei Bauer Musenbrock zwei Paletten Eier in verschiedenen Größen und machte mich an die Durchführung einer ausgedehnten Versuchsreihe. Abends gab es Russische Eier. Aus einem Teil setzte ich Soleier an. Am Ostersonnabend aßen wir Eiersalat al dente. Den Rest der Versuchsobjekte bemalte die bisher einzige unserer Töchter sehr ansprechend.

Am Ostersonntagmorgen schleppte ich mich übernächtigt in die Küche. Im Kühlschrank entdeckte ich drei Eier, die ich ohne jegliche elektronische Hilfe im Kochtopf zubereitete. Seltsamerweise verspürten weder meine liebende Gattin noch die bisher einzige unserer Töchter Lust auf ein Frühstücksei. Ich aß alle drei. Sie waren herrlich wachsweich und schmeckten köstlich.

Nachdem ich meinen Eiweißschock auskuriert hatte und aus dem Krankenhaus entlassen worden war, gab ich umgehend eine Kleinanzeige in unserer örtlichen Tageszeitung auf. Mag mit einem elektronischen Eierkocher Energie sparen, wer will. Wir schonen Nerven und Gesundheit und benutzen ab sofort wieder wie in grauer Vorzeit den Herd.

In Deutschland werden pro Jahr mehr als 20 Millionen Tonnen Kunststoff produziert. Ein nicht unerheblicher Teil der daraus hergestellten Artikel befindet sich in unserem Kühlschrank, wo er zur Aufbewahrung diverser Vorräte dient, bis diese wegen Überlagerung der Kompostierung zugeführt werden können. Sehr zum Leidwesen der Industrie haben Plastikprodukte allerdings einen großen Nachteil: Sie sind wiederverwendbar. Deshalb haben die Hersteller es sich zur Aufgabe gemacht, das Angebot ständig zu verbessern. Und die Vertriebsmethoden gleich mit.

House Party
oder: Der Dotter ist gelandet

Von Zeit zu Zeit finden in unserem trauten Heim »House Partys« statt. Der Freundeskreis meiner liebenden Gattin lädt nämlich wechselseitig zwecks gemeinsamen Einkaufs von Reinigungsmitteln, Gesichtscremes oder Buntmetallschmuck an manchen Abenden zu diesen modernen Damenkränzchen ein. Folgerichtig bekommen auch wir mit schöner Regelmäßigkeit Besuch von fünf bis zwölf konsumfreudigen weiblichen Wesen.

Normalerweise interessieren mich diese Treffen nicht. Wenn sie es ausnahmsweise doch tun, werde ich üblicherweise dezent darauf hingewiesen, dass meine männliche

Anwesenheit nicht erwünscht ist. Letzteres hauptsächlich, wenn es um das Aussehen holder Weiblichkeit in mehr oder weniger reizvollen Dessous geht.

Letzten Mittwoch nahm ich dann doch zum ersten Mal teil. Meine liebende Gattin hatte in der Nachbarschaft eine jüngst zugezogene Dame kennengelernt, die mit Koffern voller Plastiknäpfchen die Wohnzimmer der Umgebung abklappert. Da ich für die Haushaltsführung mitverantwortlich bin, interessieren mich natürlich die neuesten Errungenschaften der Kleinbehälterindustrie. Außerdem lasse ich nichts umkommen, was noch essbar ist.

Gegen halb acht traf die Dame mit dem Koffer ein. »Hallo, ich bin die Elvira«, stellte sie sich strahlend vor, nahm ohne lange zu fackeln unseren Esstisch in Beschlag und baute ihr farbenfrohes Sortiment auf. Unterdessen trudelten nach und nach die Gäste des Abends ein, allen voran Friederike, unsere beste Freundin. Ich stellte eine Flasche Portwein auf den Tisch, zog mich auf mein Lieblingssofa zurück und wartete auf den Beginn der Vorführung.

Dieser ließ nicht lange auf sich warten – und Elvira legte gleich mächtig los. Gleich mehrere absolute Neuheiten habe sie mitgebracht. »Ohne die kommt heutzutage kein moderner Haushalt aus«, verkündete sie stolz. Dabei hielt sie eine flache Schale hoch, die für die Aufbewahrung von Pizzaresten entwickelt worden war. Als Elvira den Deckel öffnete, stieg mir der Duft von alter Knoblauchsalami in die Nase. Praktischerweise hatte die Plastiknäpfchen-Expertin eine kalte Pizza mitgebracht. Diese drückte sie mir in die Hand und ich verfrachtete das leicht angeschrumpelte Exemplar mitsamt der Schale in unsere Mikrowelle. »Hitzefest!«, strahlte Elvira, während sich durchdringender Knoblauchgeruch in der Wohnung verbreitete.

Wir bekamen alle ein Stück zum Kosten. Die Pizza hatte einen aparten Nachgeschmack à la Polyethylen. Friederike bestellte drei Schalen. Ich lüftete.

Die nächste Neuheit war ein Streuer für Puderzucker mit einem allerliebsten kleinen Hebel. Wenn man daran drehte, rieselte unten der gesiebte Puderzucker heraus. Wir durften alle einmal ausprobieren, wie leicht das ging. Elvira holte dazu winzige Obstkuchenstückchen aus einem Plastiknäpfchen mit Serviervorrichtung. Das Backwerk duftete zart nach Kunststoff. Ich rieselte sehr viel Puderzucker auf mein Obstküchlein. Meine liebende Gattin orderte einen Streuer.

Die nächsten drei Produkte verpasste ich, weil ich mit Staubsaugen beschäftigt war. Puderzucker ist leicht flüchtig und tritt sich schnell in den Teppich ein. Tanja, die zweitbeste Freundin meiner liebenden Gattin, orderte unterdessen ein Aufbewahrungssystem für Eisbergsalat, in dem sich dieser vier Wochen frisch hält.

Als ich den Staubsauger an die Seite gestellt und das Fenster geschlossen hatte, war Elvira fast fertig. Als krönenden Abschluss hielt sie ein rotes Plastikgerät in die Höhe und bat mich um ein rohes Ei. Ich holte eins aus dem Kühlschrank. Gekonnt schlug Elvira es auf und ließ das Innere durch das Gerät hindurch in ein Plastiknäpfchen fallen. »Genial, nicht?«, fragte sie strahlend in die Runde, während sie uns beifallheischend das Ergebnis entgegenhielt. Der Eidotter lag in der Mitte des Helferleins auf einer Plattform, während das Eiweiß im Näpfchen schwamm. »Nie wieder Probleme beim Trennen von Eiern!«

Ich war fasziniert. Das musste ich ausprobieren. Ich riss den roten Eiertrenner an mich, holte noch ein Ei und schlug es auf. Eiweiß und Eigelb landeten im Näpfchen. Einmal ist keinmal, dachte ich mir und holte eine Packung Eier aus dem Kühlschrank. Beim nächsten Versuch hielt das Eigelb kurz auf der Plattform inne, kippte dann langsam zur Seite und stürzte auf den Teppich. Mich packte der Ehrgeiz. Meine liebende Gattin holte einen Lappen. Der siebte Dotter landete endlich punktgenau auf der Plattform und blieb liegen. Die Damen applaudierten.

Begeistert orderte ich schnell drei Eiertrenner, bevor Elvira sich strahlend verabschiedete und von dannen zog. Kurz darauf verließ uns als letzte auch Friederike. Meine liebende Gattin schloss die Tür ab und drehte sich zu mir um. »Also, weißt du, Schatz«, tadelte sie mich, »die Eiertrenner hättest du nicht kaufen müssen. Die waren doch unser Geschenk dafür, dass wir den Abend veranstaltet haben.«

Als ein Neandertaler es vor etwa 200 000
Jahren endlich geschafft hatte, ein Lager-
feuer zu entzünden, passierte ihm ein Miss-
geschick: Ein ziemlich großes Stück des
kurz zuvor mühsam erlegten Höhlenbären-
schinkens glitt ihm aus der Hand und fiel
in die Glut. Der appetitanregende Duft des
ersten Grillsteaks der Menschheitsgeschich-
te verbreitete sich so schnell, dass bald die
ganze Familie Neandertal gemeinsam mit
Freunden und Nachbarn fröhlich schmat-
zend ums Feuer saß. Und da hockt sie heute
noch – direkt unter unserem Balkon.

Der Barbecue-Konter

Gestern hatten wir Wilfried und Friederike, unsere besten
Freunde, auf ein oder zwei Fläschchen Wein eingeladen.
Auch Klausbernd, ein befreundeter Redaktionskollege, hatte sich angesagt. Abends um sieben schien die Sonne immer
noch kräftig und es war sehr warm. »Warum setzen wir
uns nicht auf den Balkon?«, schlug deshalb meine liebende
Gattin vor. Nachdem ich die bisher einzige unserer Töchter
ins Bett verfrachtet hatte, begab ich mich also daran, den
Balkon herzurichten. Dabei nahm ich einen kaum merk-
lichen Duft von Spiritus wahr.

Gegen halb acht schaute ich vom Balkon herunter, um
zu sehen, ob die Gäste bald kämen. Aus dem sanften Spi-
ritusduft wurde plötzlich eine Qualmwolke. Diese kam

von rechts aus dem Garten unseres freundlichen Nachbarn Holzer. Er grillt für sein Leben gern. Leider versteht er nicht viel davon. Als sich seine übliche anfängliche Rauchentwicklung legte, sah ich durch den sich verziehenden Dunst Wilfried und Friederike hustend aus dem Auto steigen. Ich öffnete die Wohnungstür und stand Klausbernd gegenüber. Sein Klingeln musste ich überhört haben, als ich in den Rauchschwaden stand.

Wir prosteten uns gerade mit unseren Begrüßungscocktails zu, als ein intensiver Geruch von verbranntem Speck über den Balkon zog. Mit einem Blick nach unten erfasste ich, dass der freundliche Nachbar Schmidtke ebenfalls das schöne Wetter nutzte. Er grillt für sein Leben gern. Diesmal hatte er sein selbstgemauertes Garten-Barbecue mit reichlich Fleisch bestückt. Das Klingen von Bierflaschen und lautes Gelächter ließen mich vermuten, dass er seine Kollegen aus dem Versicherungsbüro zu Besuch hatte.

Plötzlich stand die bisher einzige unserer Töchter im Nachthemd und barfuß auf dem Balkon. »Papa, ich kann nicht schlafen«, maulte sie. »In meinem Zimmer stinkt es.« Ich begleitete sie zurück und schloss ihr Fenster. Es roch nach Reibekuchen, die auf einem Gasgrill in altem Fett schwimmen. Zurück auf dem Balkon erblickte ich links unten auf der Terrasse unseres Vermieters eine lockere Herrenrunde. Diese hatte soeben begonnen, den Verzehr größerer Mengen Bier mit einer ordentlichen Unterlage vorzubereiten.

Kaum hatte ich mich wieder hingesetzt und Klausbernd mit einem alten Burgunder zugeprostet, da wehte ein penetranter Fischgeruch über unseren Balkon. Der freundliche Nachbar Frantzen grillt für sein Leben gern. Wegen Schweinepest, Rinderwahnsinn und Vogelgrippe legt er allerdings nur noch Fisch und Gemüse auf den Rost. Der Geruch von gegrillter Makrele verdarb uns den ganzen Weingenuss. Ich holte meinen Ventilator aus dem Arbeitszimmer und stellte ihn auf den Balkon, um die Gerüche zu vertreiben. Es war vergebens. Als auch noch eine Rauchwolke von verbranntem Öl und Thüringer Rostbratwürstchen mit fein verteilten Rußstückchen über uns hinwegzog, erlitten Friederike und meine liebende Gattin einen Hustenanfall. Kapitulierend verzogen wir uns fluchtartig in die Wohnung und schlossen Fenster und Türen.

Drinnen hielten wir es jedoch nur fünf Minuten aus. In unserer Dachwohnung ist es im Sommer sehr warm, außerdem hatten sich die nachbarschaftlichen Grillgerüche bereits im ganzen Wohnzimmer ausgebreitet. Als ich in die Gesichter unserer Gäste blickte, wurde mir klar, dass es höchste Zeit für den Gegenangriff war.

Ich holte unser höchst elegantes, aber leider sehr unpraktisches und daher nur zweimal benutztes elektrisches Designer-Barbecue aus dem Keller und stellte es dicht vor den Ventilator. Dann bestückte ich es mit mehreren Knoblauchzehen, einigen Zwiebeln und einem Hühnerschenkel aus der Tiefkühltruhe. Gerade noch rechtzeitig fiel mir ein, dass beim Mittagessen ein Brathering übrig geblieben war. Diesen packte ich dazu und stellte Grill und Ventilator auf die höchste Stufe. Ein paar Schuss Essig und Öl sorgten für prächtigen Qualm, der sich dank meines Ventilators und einer inzwischen aufgekommenen Abendbrise schnell ringsum verteilte. Ich trat den geordneten Rückzug an und gesellte mich wieder zu unseren Gästen.

Vom Panorama-Wohnzimmerfenster aus beobachteten wir vergnügt, wie dicke Schwaden von unserem Balkon aus über die ganze Siedlung zogen. Gelegentliche laute

Flüche aus den nachbarlichen Gärten zeigten uns, dass die Mischung auf unserem Grill ein voller Erfolg war. Ich legte von Zeit zu Zeit nach. Die besten Ergebnisse erzielte ich mit trockenem Gouda, altem durchwachsenen Speck und einigen Spritzern Balsamico und Knoblauchöl. Eine Stunde später konnten wir die jetzt erfrischend kühle Abendluft auf unserem Balkon genießen. Mein Barbecue-Konter hatte das nachbarschaftliche Rudelgrillen beendet.

Wir verfügen jetzt über einen defekten Designergrill, einen aufgeräumten Kühlschrank und einen geruchsarmen Balkon. Dafür haben wir ein paar freundliche Nachbarn weniger. Aber das renken wir sicher wieder ein. Spätestens im nächsten Sommer mit einer gemeinsamen Grillparty auf unserem Balkon.

»Wer die Heilkunde ... ausüben will, bedarf dazu der Erlaubnis«, so beginnt das deutsche Heilpraktikergesetz. Diese Vorschrift findet allerdings keine Anwendung bei Eltern, Schwiegereltern, besten Freundinnen und Supermarkt-Kassiererinnen. Diese verfügen nämlich über die angeborene Erlaubnis, ihren Kindern, besten Freunden und überhaupt jedem, dem sie zufällig begegnen, ihre naturgegebene Heilkunde mitsamt den zugehörigen Tinkturen zugutekommen zu lassen. Dummerweise sind der Kreativität dabei keine Grenzen gesetzt.

Minzöl, Rosmarin und Zwiebelsenf

Heute morgen verspürte ich gleich nach dem Aufstehen ein leichtes Ziehen im Hals. Als ich meiner liebenden Gattin davon erzählte, bedauerte sie mich pflichtgemäß, allerdings nicht ohne ihren üblichen Spruch:»Männer! So was von empfindlich.« Etwas widerwillig rückte sie dann aber doch einige Halstabletten heraus. Als alleinige Verwalterin unserer Hausapotheke hat sie die Schlüsselgewalt über den Arzneischrank.

Leider halfen die Lutschtabletten nicht. Sie brannten nur im Hals und etwas später plagten mich schmerzhafte Schluckbeschwerden. Glücklicherweise ruft um diese Zeit immer meine ökologische Schwiegermutter an. Die bisher einzige unserer Töchter erzählte ihr brühwarm von meiner gesundheitlichen Störung und dass die Tabletten nicht wirkten. »Um Himmels willen, bloß keine Chemie!«, hörte ich meine Schwiegermutter ins Telefon rufen. »Ich habe da mein eigenes Naturhausmittel. Drei Esslöffel Himbeeressig mit etwas Knoblauch in einer Tasse Wasser aufkochen, ein wenig abkühlen lassen und dann damit den Hals einpinseln. Das hilft garantiert.« Wir hatten keinen Himbeeressig im Haus, also ging meine liebende Gattin schnell zum örtlichen Supermarkt unseres geringsten Misstrauens und besorgte eine Flasche. Unsere Wohnung duftete wie eine Himbeerplantage. Mein Hals wurde sorgfältig inwendig eingepinselt. Es brannte höllisch. Als das Brennen nachließ, waren die Halsschmerzen stärker als zuvor.

Es klingelte an der Tür. Friederike, die beste Freundin meiner liebenden Gattin, stürmte ins Wohnzimmer, wo ich auf dem Sofa lag und Fieber maß. »Du Ärmster«, bedauerte sie mich. »Aber das ist halb so schlimm, ich habe da ein Rezept von meiner Großmutter, das hilft immer.« Friederikes Hausmittel bestand aus drei Tropfen Minzöl und einer Messerspitze Rosmarin, vermischt mit einem Esslöffel Zitronensaft. Damit sollte ich gurgeln. Wir hatten kein Minzöl im Haus, also lief meine liebende Gattin in den Supermarkt und kaufte ein Fläschchen. Unsere Wohnung roch wie eine von Himbeerplantagen umgebene Kaugummifabrik. Ich gurgelte. Es brannte im Hals. Die Schmerzen blieben.

Am frühen Nachmittag schleppte ich mich an meinen Schreibtisch und versuchte, ein wenig zu arbeiten. Da rief Klausbernd an, ein befreundeter Redaktionskollege. Als er von meinem Leiden hörte, fiel ihm spontan das alte Hausmittel seiner angeheirateten Tante ein, die aus der

Normandie stammt: »Du legst dich ins Bett, stellst einen Besen ans Fußende und trinkst solange Grog von Calvados, bis du zwei Besen siehst.« Wir haben nie Calvados im Haus, also sprang meine liebende Gattin rasch in den Supermarkt und kaufte eine Flasche. Vorsichtshalber beschloss ich, erst am späten Abend zu Grog überzugehen.

Zufällig hatte aber die Kassiererin im Supermarkt meiner besseren Hälfte ein altes Hausmittel gegen Halsschmerzen verraten: den Zwiebel-Senf-Wickel. Dazu kocht man ein dickes Handtuch zehn Minuten in Zwiebelwasser, bestreicht es dann dünn mit Senf und trägt es mindestens eine halbe Stunde lang um den Hals. Eine große Tüte Zwiebeln hatte meine liebende Gattin gleich mitgebracht. Senf haben wir immer im Haus. Unsere Wohnung roch wie die Kantine der Kaugummifabrik in den Himbeerplantagen. Ich sah eine halbe Stunde lang aus wie ein Krebs mit einem Halswirbeltrauma. Die Schmerzen wurden stärker.

Gegen Abend wurden die Schluckbeschwerden so heftig, dass meine liebende Gattin unseren Hausarzt rief. Dieser kam, warf einen kurzen Blick in meinen Hals und diagnostizierte eine eitrige Mandelentzündung. Zusätzlich vermutete er eine leichte Verätzung der Mundschleimhaut, eine Minzöl-Allergie und alkoholische Ausfallerscheinungen. Ich hatte zwischendurch doch ein wenig am Calvados genippt. Außerdem röche ich stark nach Zwiebeln in Knoblauch-Senf-Soße, merkte er noch an.

»Bis auf den Geruch kriegen wir das aber alles in den Griff«, meinte der Doktor und verordnete mir einige Salben und ein Schmerzmittel. »Und gegen die Mandelentzündung gibt es ein altes Hausmittel. Einen ganz besonderen Saft«, sagte er grinsend. Mir wurde schwarz vor Augen. Er reichte meiner liebenden Gattin das Rezept. Sie begleitete ihn hinaus und ging dann zur Apotheke. Ich fiel in einen fiebrigen Alptraum, in dem wabernde und stinkende Gebräue vorkamen, die mir ein höhnisch lachender Alchemist einflößte, der eine gewisse Ähnlichkeit mit meiner ökologischen Schwiegermutter hatte.

Als ich schweißgebadet hochschreckte, stand meine liebende Gattin vor mir. Ich erzählte ihr von meinem Traum. »Du Dummerchen«, sagte sie kopfschüttelnd und reichte mir ein Tablett. Neben einer Tasse mit heißem Zitronentee lagen zwei Tabletten. Sie strich mir durch die Haare. »Penicillin«, lächelte sie. »Was dachtest du denn, Schatz?«

Fixsterne und
andere Katastrophen

*Nicht für die Schule, sondern für das Leben
lernen wir, das wussten schon die alten Römer. Die jungen Römer sahen das vermutlich etwas anders, denn sie mussten unter
anderem Latein pauken, was bekannterma-
ßen eine ziemlich trockene Angelegenheit
ist. Als sie dann aber selbst älter geworden
waren, erkannten sie, dass Bildung der
Schlüssel zu einem erfüllten Leben ist, und
gründeten Volkshochschulen. Diese leisten
bis heute einen unschätzbaren Beitrag zur
allgemeinen Volksbildung. Vor allem aber
zur Ernährung der bei ihnen beschäftigten
Dozenten.*

Wo bitte spricht man Aramäisch?

Gelegentlich spielen Wilfried und ich mittwochs abends
Billard. Wir sind beileibe keine hochbegabten Kugelartisten,
aber es macht uns trotzdem viel Spaß, und das eine oder
andere Bier fällt dabei natürlich für unsere durstigen Keh-
len auch ab.

Letzten Mittwoch allerdings, wir hatten gerade die erste
Partie beendet, eröffnete mir Wilfried, dass wir in Zukunft
wohl auf gemeinsame Billard-Abende verzichten müssten.
Das neue Semester an der Volkshochschule habe begonnen
und Friederike, seine Frau, sei gleich für mehrere Veran-
staltungen eingeschrieben. »Eine davon findet ausgerechnet mittwochs abends statt«, sagte er achselzuckend, »der

Kurs heißt ›Altägyptische Heilcremes‹.« Friederike leidet gelegentlich unter nervösen Hautausschlägen. Da die beiden zwei kleine Kinder haben, muss Wilfried natürlich zu Hause bleiben, wenn Friederike ausgeht.

Ich begann die zweite Partie und hatte gerade die erste Kugel versenkt, als Wilfried mich mit ernster Miene anblickte und mir bedeutete, das sei noch nicht alles. »Auch Kegeln am Montag fällt in Zukunft flach. An dem Abend ist ›Aramäisch für Einsteiger‹.« Ich wisse doch, wie sehr Friederike es liebe, Fremdsprachen zu lernen. Außerdem sei das auch wichtig für ihr berufliches Fortkommen. Friederike ist gelernte Gärtnerin, befindet sich aber seit geraumer Zeit in einem ausgedehnten Mutterschaftsurlaub. Wenn sie eines Tages wieder zurück in den Beruf will, sind Aramäisch-Kenntnisse sicher von Vorteil. Ich hätte zu gern gewusst, wo man diese Sprache spricht, fragte vorsichtshalber aber nicht nach. Man will ja nicht für einen geographischen Dummkopf gehalten werden.

Wilfried war am Stoß. Kurz bevor er die weiße Kugel mit dem Queue berührte, setzte er ab und meinte, viel schlimmer als diese beiden Abende, die in Zukunft ausfallen müssten, sei der Donnerstag. »Da gehen wir sonst immer ins Kino und meine Mutter passt auf die Kleinen auf.« In zwei Wochen beginne aber die donnerstägliche Lyrik-Vorlesungsreihe von Frau Professor Eva-Maria Schnöde-Schneckenburger, und Friederike habe seine Mutter überredet, diese zusammen mit ihr zu besuchen. Ein anderer Babysitter sei trotz intensiver Suche noch nicht in Sicht. »Kann ja sein, dass das Thema hochinteressant ist«, räumte Wilfried ein und erwähnte etwas wie »Die Lyrik der Jivaco-Indianer und der spätbiedermeierliche Stabreim«. Der Satz ging aber im Geräusch der Kugeln unter, die er heftig über den Tisch rollen ließ. Ich traute mich erneut nicht nachzufragen, obwohl ich weder von Jivaco-Indianern noch von spätbiedermeierlichen Stabreimen jemals etwas gehört hatte. Schließlich lag das mit ziemlicher Sicherheit an meiner mangelnden literarischen Bildung.

Nach der Partie, die ich zu Null gewann, setzten wir uns an unseren Tisch und bestellten jeder noch ein Bier. Kaum hatte die Bedienung die Gläser vor uns abgestellt, da leerte Wilfried seines in einem Zug und bestellte gleich nach. »Aber weißt du, was das Schlimmste ist?«, wandte er sich dann wieder mir zu. Ich blickte ihn fragend an. »Auch den Dienstag hat sie verplant. Da treffen wir uns doch immer mit Maik und Gisi zum Doppelkopf.« Wilfried spielt für sein Leben gern Doppelkopf. Spätestens in vier Wochen würde er unter schweren Entzugserscheinungen zu leiden haben. Friederike hatte nämlich zusammen mit Gisi den Aktivkurs »Die Inuit-Badetherapie« belegt. Gisi leidet häufig unter Rückenschmerzen, was aber keine Spätfolge des Doppelkopfspiels, sondern eines vor Jahren erlittenen Sportunfalls ist. Ich empfahl Wilfried, Verständnis zu zeigen und Friederike einen Neopren-Anzug zu schenken, weil ich mich dunkel zu erinnern glaubte, dass die Inuit hoch im Norden leben und in Löchern baden, die sie ins Eis hauen. Er lächelte gequält. Ich versuchte ihn zu trösten: »Schließlich habt ihr ja noch den Freitag und das ganze Wochenende. Da finden keine Kurse statt.«

Wir erhoben uns und gingen zurück an den Tisch. Wilfried legte sich die weiße Kugel zurecht. »Hast du eine Ahnung«, sagte er dann mit gebrochener Stimme. »Die bieten auch Wochenendseminare an. Friederike hat gleich das ganze Semester belegt. Mit ihrer Mutter. Zuerst ›Bodypainting für Frauen ab dreißig‹. Zwei Wochenenden.

Dann ›In 21 Tagen zur Topmodel-Figur‹ mit Videotipps von Gisela Klümpchen. Drei Wochenenden. Anschließend noch ›Gesund durch Dinkelschrot‹. Ein Wochenende.«

Gerade wollte ich einwerfen, das sei sicher auch etwas für meine ökologische Schwiegermutter, da knallte Wilfried wütend das Queue auf den Boden. Der Anstoß war ihm völlig misslungen. »Und zum Abschluss des Semesters gibt's dann noch den Kurs der Kurse.« Seine Stimme klang gebrochen. »Seit Wochen ausverkauft! ›Urlaub vom Ehealltag – Frau geht aus‹.«

Zu den vornehmsten Aufgaben von Eltern gehört die Beschaffung angemessener Kleidung für den Nachwuchs. Leider haben die beteiligten Generationen völlig entgegengesetzte Vorstellungen von der Bedeutung des Wortes »angemessen«. Darüber hinaus betrachten Kinder die Anprobe von jeglicher Kleidung in einem Geschäft als persönliche Folter. Zum Glück gibt es viele freundliche Versandhäuser, die es sich zur Aufgabe gemacht haben, den lieben Kleinen diese Pein zu ersparen. Und statt dessen ihre Eltern auf die Folter zu spannen.

Muskelprotz mit etwas Verspätung

Am einem sonnigen Tag im Dezember drückte mir der Briefbote neben der üblichen Post den neuesten Frühjahrskatalog des bevorzugten Versandhauses meiner liebenden Gattin in die Hand. Ich verfrachtete das bleischwere Hochglanzwerk in die Küche, begab mich an meinen Schreibtisch, um die restliche Post durchzusehen, und dachte nicht weiter an den bunten Wälzer.

Abends teilte mir meine liebende Gattin mit, sie habe unsere Bestellung bereits dem freundlichen Kundenservice des freundlichen Versandhauses durchtelefoniert. Unter anderem habe sie für die bisher einzige unserer Töchter drei entzückende T-Shirts in aktuellen Modefarben bestellt, mit einem gerade sehr beliebten Musicalfilm-Dschungel-

Muskelprotz auf der Brust. »Da hat sie nächstes Jahr im Urlaub an der See etwas Hübsches anzuziehen.«

Nach einigen Wochen klingelte es mittags an der Tür. Draußen stand der freundliche Paketdienst des freundlichen Versandhauses und drückte mir ein Päckchen in die Hand. Da ich die übliche Größenordnung der Bestellungen meiner liebenden Gattin kenne, schien es mir reichlich klein ausgefallen zu sein.

Die bisher einzige unserer Töchter konnte es natürlich nicht abwarten und riss, kaum dass sie aus der Schule heimgekommen war, das Päckchen auf. Sie fand drei T-Shirts. Das Geschrei war groß, als sie feststellte, dass das freundliche Versandhaus die falschen Farben geliefert hatte. Außerdem prangte auf der Brust anstelle des begehrten Dschungelprotzes ein aus dem Vorjahr stammendes liebenswertes Monster, das aber mittlerweile leider »voll uncool« war. »Keine Sorge, Schätzchen«, beruhigte meine liebende Gattin unseren total am Boden zerstörten Nachwuchs. »Das schicken wir alles zurück, und in ein paar Tagen kommen die richtigen Sachen.«

Noch am selben Tag packte sie die T-Shirts wieder ein und ließ sie umgehend abholen. Etwa eine Woche später überbrachte uns der freundliche Paketdienst erneut ein Päckchen. Meine liebende Gattin kontrollierte sofort den Inhalt. Es enthielt die richtigen T-Shirts in den bestellten Modefarben und mit dem Muskelprotz auf der Brust. Leider waren sie mehrere Nummern zu klein. Ärgerlich rief meine bessere Hälfte umgehend das freundliche Versandhaus an. »Kein Problem«, beschwichtigte sie die freundliche Kundenbetreuerin, »das tauschen wir selbstverständlich sofort um. Sie werden sehen, ruck-zuck haben sie ihre T-Shirts in der richtigen Größe.«

Es dauerte nicht einmal vier Wochen, bis der freundliche Paketdienst erneut klingelte. Diesmal öffnete ich das Päckchen selbst. Es enthielt mehrere Stücke einer Sorte Unterwäsche, die man in gottesfürchtigen Gegenden für verrucht halten würde. Allerdings konnten diese unmöglich von meiner liebenden Gattin bestellt worden sein. Sie trägt aus prinzipiellen Gründen niemals rosa Korsetts à la P!nk. Diesmal telefonierte ich selbst. Die freundliche Kundenbetreuerin bedauerte die erneute Falschlieferung unendlich. »Wir bringen das blitzschnell in Ordnung«, versicherte sie mir. Am nächsten Tag war der Abholdienst auch schon zur Stelle.

Glücklicherweise war der Frühsommer ungewöhnlich heiß. Die bisher einzige unserer Töchter konnte also ohne Gesundheitsgefährdung in ihren alten T-Shirts nabelfrei herumlaufen. Es dauerte auch nur sechs Wochen, bis ich erneut ein Päckchen in der Hand hielt. Zitternd vor Spannung riss ich es auf und entnahm ihm eine Hose. Wortlos legte ich diese meiner liebenden Gattin auf den Küchentisch. Sie strahlte. »Gerade noch rechtzeitig vor unserem Urlaub! Ich wollte schon nachfragen, wo meine weiße Jeans bleibt.« Zwar fehlte der gleichzeitig bestellte Schmuckgürtel, aber ein Anruf beim freundlichen Kundenservice des freundlichen Versandhauses – »Kein Problem!« – ergab, dass dieser spätestens in zwei Wochen nachgeliefert werden würde.

Nach unserem Urlaub fand ich im Briefkasten eine Mitteilung des freundlichen Paketdienstes vor. Auf meinen Anruf hin lieferte man uns eine Woche später einen Schmuckgürtel.

Anfang September erhielten wir Post von der freundlichen Chef-Kundenbetreuerin des freundlichen Versandhauses. Sie bedauerte unendlich, dass es wegen übergroßer Nachfrage Engpässe bei der Lieferung von T-Shirts in Modefarben mit Dschungelprotzen auf der Brust gegeben habe. Diese seien aber jetzt behoben und sie sei glücklich, bis spätestens Mitte Oktober alles liefern zu können.

Die Anfang November gelieferten T-Shirts waren perfekt: die richtigen Farben, Muskelprotz auf der Brust und zwei Nummern zu groß. Natürlich haben wir sie behalten. Irgendwann fahren wir bestimmt wieder einmal an die See, und bis dahin sind sie sicher genau passend für die bisher einzige unserer Töchter. Es sei denn, jemand bringt vorher einen Musicalfilm heraus, in dem etwas anderes als ein Muskelprotz die Hauptrolle spielt.

Es war einmal eine Zeit, da mussten in Deutschland alle Geschäfte um 18.30 Uhr schließen. Sonnabends war sogar schon um 13 Uhr Ladenschluss und sonntags gar nicht geöffnet. In jener nicht allzu fernen Vergangenheit begab es sich, dass Konsumtempel entstanden, die des Nachts weit ins Land leuchteten und ursprünglich einmal für die Bedürfnisse von Autofahrern und ihren fahrbaren Untersätzen gedacht waren. Aus dieser Zeit stammt die folgende gar wundersame Geschichte.

Die Freibergschen Alibi-Zapfsäulen

Am Montag war plötzlich der Tank unseres Autos leer. Gewöhnlich tankt immer meine liebende Gattin, wenn sie mit der familiären Kombilimousine zum Einkaufen fährt. An diesem Tag jedoch wollte sie bis spät abends mit der bisher einzigen unserer Töchter bei meiner ökologischen Schwiegermutter bleiben. Weil ich tags darauf ziemlich früh losfahren musste, blieb mir nichts anderes übrig, als ausnahmsweise einmal selbst zu tanken. Also machte ich mich gegen acht Uhr abends auf die Suche nach einer noch geöffneten Tankstelle.

Nach kurzer Zeit fand ich eine hell erleuchtete Station, bog ein und hielt vor einer Zapfsäule. Die Tankstelle war leer. Lediglich der Parkplatz war gut gefüllt. Ich steckte den Zapfhahn in den Tankstutzen des Wagens und wartete. Nichts geschah. Kein Pumpgeräusch. Kein Benzinfluss. Also steckte ich die Zapfpistole noch einmal zurück, wartete einige Sekunden und versuchte es dann erneut. Das Ergebnis war dasselbe. Die Säule gab kein Benzin von sich. »Wahrscheinlich ist sie kaputt«, dachte ich und versuchte es an einer anderen. Aber auch diese spuckte keinen Tropfen aus. Ich probierte erfolglos alle Zapfpistolen durch. Entnervt begab ich mich zum Kassengebäude, um nachzufragen, was denn mit den Säulen los sei.

Kurz vor dem Eingang lief ich gegen einen schnaufenden Menschen, der soeben mit zwei Kästen Bier und einer Packung Grillkohle das Gebäude verlassen hatte. Um ein Haar hätte er mir einen der Kästen auf die Füße fallen lassen. Verlegen entschuldigte ich mich, aber er nickte nur grimmig und schleppte das Gekaufte zu seinem Auto.

In einer Art Slalom zwischen den Regalen strebte ich der Kasse zu, als mir plötzlich Tanja, die zweitbeste Freundin meiner liebenden Gattin, entgegenkam. Sie hielt eine Tüte Brötchen, eine Flasche Sprudel und eine Packung Aspirin in der Hand. Letztere sei, so berichtete sie mir, für ihren Mann bestimmt, der gerade unter einer bösen Erkältung leide. Tanja entschuldigte sich deshalb auch, dass sie nicht länger bleiben könne. Sie sei in Eile, das werde ich sicher verstehen, rief sie mir im Gehen noch zu.

Mein weiterer Weg zur Kasse führte mich vorbei an einer Fleischtheke, einem gut sortierten Getränkeregal, in dem ich sogar meine Lieblings-Whiskymarke erspähte, und einer Konditoreiabteilung. In einer Ecke des Verkaufsraums entdeckte ich etwas, das einer Ansammlung von Öldosen ähnelte. Es entpuppte sich aber bei näherem Hinsehen als eine Art Konservenlager.

Je näher ich der Kasse kam, desto langsamer ging es voran. Immer mehr Menschen mit gefüllten Einkaufskörben kreuzten meinen Weg. Schließlich stand ich aber doch vor dem Kassierer. Er schaute mich einigermaßen erstaunt an, offenbar weil ich nichts auf den Tresen gelegt hatte. »Ihre Zapfsäulen scheinen kaputt zu sein«, sagte ich. »Aus keiner kommt Benzin.« Sein Blick wurde erst ungläubig, dann belustigt, und schließlich brach er in schallendes Gelächter aus. »Leute!«, rief er durch den ganzen Laden. »Stellt euch vor, hier will jemand tanken!« Laut prustend brach er fast hinter seiner Theke zusammen. Etliche Kunden verrenkten sich die Hälse. Das allgemeine gellende Gelächter trieb mich zur Flucht. Etwa eine Stunde später fand ich weit vor der Stadt eine kleine Station, an der ich den Tank unserer familiären Kombilimousine füllte.

Spät am Abend erzählte ich meiner liebenden Gattin von dem Erlebnis. Die Augen voller Tränen von einem spontanen Lachanfall klärte sie mich auf. »Du Schaf«, gluckste sie, »das ist doch die Tankstelle von Familie Freiberg.« Freibergs seien sehr weitläufige Verwandte von Friederike, unserer besten Freundin, setzte sie noch hinzu, als sie meinen fragenden Blick bemerkte. »An der gibt es doch schon seit Monaten keinen Sprit mehr.« Der Benzinverkauf habe sich nicht mehr gelohnt. »Also haben sie die Zapfsäulen heimlich stillgelegt, lassen sie aber zum Schein noch beleuchtet stehen. Dann haben sie ihr Sortiment um Lebensmittel, Getränke, Kleidung, Spielsachen und andere Dinge erweitert.« Natürlich hätten Freibergs dafür umbauen müssen, das sei aber sehr flott gegangen, berichtete meine liebende Gattin.

»Als nächstes haben sie dann die Öffnungszeiten immer weiter in die Nachtstunden verlegt und schließlich tagsüber

ganz geschlossen.« Seither habe sich der Umsatz vervier-
facht und Frau Freiberg ein funkelnagelneues Cabrio hinter
dem Haus stehen. Herr Freiberg denke auch bereits an die
Übernahme weiterer Tankstellen, bevorzugt in der Nähe
größerer Siedlungsgebiete ohne Einkaufszentrum.

»Benzin bekommst du übrigens jetzt am ehesten in der
Apotheke«, schloss meine liebende Gattin ihre Erklärung,
noch immer leise lachend. »Aber nimm einen Kanister mit.
Der Apotheker hat noch keine Zapfsäule.«

Schweizer können eine Identitätskarte bekommen. Deutsche müssen einen Personalausweis haben. Das legt den Verdacht nahe, dass erstens wir Deutschen uns im Unterschied zu den Eidgenossen keine richtige Identität leisten können und zweitens unsere Regierung glaubt, wir seien keine selbstbewussten Staatsbürger, sondern ihr Personal. Zur Gewissheit wird dieser Verdacht spätestens dann, wenn man auf dem Amt einen Antrag stellen muss. Und sei es nur, um jenes Plastikkärtchen zu bekommen, das ausweist, dass man zum Personal gehört.

Die Passfoto-Falle
oder: Staatsgewalt Sägebiehl

»Hast du eigentlich schon überprüft, ob unsere Ausweise noch gültig sind?«, fragte mich Anfang März meine liebende Gattin. Wir wollten im Sommer nach Mallorca fliegen, und da ich mit einem sehr vorausschauenden Wesen verheiratet bin, werde ich stets frühzeitig an wichtige Dinge erinnert. »Du weißt, wie lange es heutzutage dauert, bis man einen neuen Personalausweis bekommt.«

Weisungsgemäß kontrollierte ich am Nachmittag unsere Papiere und stellte fest, dass mein Personalausweis in wenigen Tagen ablief. Zwecks Beantragung eines neuen begab ich mich also, nachdem ich zuvor beim ortsansässigen

Meisterfotografen ein Passfoto hatte anfertigen lassen, einige Tage später zur Stadtverwaltung. Ich hatte Glück und musste nur 45 Minuten warten, bis ich an die Reihe kam. Offenbar liefen gerade viele Personalausweise ab.

Unsere Stadtverwaltung verfügt über modernste Computer und so nahm man mir die lästige Arbeit des Formular-Ausfüllens ab. »Unterschreiben Sie bitte hier«, bedeutete mir die Sachbearbeiterin Frau Sägebiehl – ihren Namen trug sie auf einem kleinen Schild, das an ihrer Jacke befestigt war – und reichte mir den Vordruck. Ich signierte und gab ihr dann das Passfoto.

»So geht das aber nicht!« Mit entrüsteter Stimme wies Frau Sägebiehl das Foto umgehend zurück. »Auf diesem Bild ist ja Ihr linkes Ohr kaum zu erkennen.« Mein zaghafter Einwand, dass meine Ohren zwar recht klein, aber dafür äußerst wohlgeformt seien, verfing nicht. »Vorschrift ist Vorschrift«, belehrte mich die Staatsgewalt Sägebiehl. »Das linke Ohr muss deutlich zu erkennen sein. Tut mir leid. Der Nächste, bitte!«

Einigermaßen verwirrt trat ich den Rückzug an. Am nächsten Tag suchte ich erneut den ortsansässigen Meisterfotografen auf und schilderte ihm das Problem. »Keine Sorge«, meinte er, »dann machen wir eben ein neues Passfoto.« Nur wenige Tage später erhielt ich ein weiteres kleines Kunstwerk, diesmal mit einem prächtig zu erkennenden linken Ohr.

»Wollen Sie mich veralbern?«, wies Frau Sägebiehl das ihr übergebene Passbild erneut zurück. Schüchtern merkte ich an, dass auf diesem mein Ohr doch mehr als deutlich zu erkennen sei. Aber die Staatsgewalt ließ sich nicht beirren: »Das ist ja beinahe ein Profilfoto. Nein, nein, so geht das nicht. Der Nächste, bitte!«

»Da sehe ich nur eine einzige Möglichkeit«, sprach am folgenden Tag der örtliche Meisterfotograf zu mir. »Wir machen eine Serie aus verschiedenen Winkeln. Dann kann sich Frau Sägebiehl das Foto aussuchen, das ihren Vorschriften genau entspricht.« Gesagt, getan: Nachdem wir uns noch auf einen kleineren Mengenrabatt geeinigt hatten, entstand eine künstlerisch höchst wertvolle Serie von Passbildern, die ich wenige Tage später in Händen hielt.

Auf dem Einwohnermeldeamt wartete ich lediglich etwa eine Stunde, ehe ich erneut zu Frau Sägebiehl vordringen konnte. Personalausweise scheinen eine verderbliche Ware zu sein. Die unmittelbar vor mir bediente Dame schob halb im Gehen noch schnell einen größeren Stapel Passfotos zusammen und verstaute diesen in ihrer Handtasche, dann war ich an der Reihe.

»Na sehen Sie, es geht doch«, lächelte Frau Sägebiehl, als ich ihr die 25 fotografischen Meisterwerke vorlegte. »Dieses nehmen wir.« Erleichtert verzichtete ich darauf, ihr mitzuteilen, dass sie jenes Bild ausgewählt hatte, das ich bereits bei meinem ersten Besuch einreichen wollte. Vorsichtshalber hatte ich es – man kann nie wissen – unter die Serie gemischt. Glücklich verließ ich das Amt.

Sechs Wochen später teilte mir Frau Sägebiehl auf einer Postkarte mit, dass mein Personalausweis eingetroffen sei. Gleich am nächsten Tag eilte ich zu ihr, um das gute Stück in Empfang zu nehmen. Nach nur einer Stunde Wartezeit stand ich erneut meiner lieben Freundin vom Amt gegenüber. »Hier ist Ihr neuer Ausweis«, lächelte die Staatsgewalt. »Bitte quittieren!«

Als ich des Dokuments ansichtig wurde, wäre ich fast in die Arme der hinter mir wartenden Dame gesunken: Mein so meisterlich und vor allem oft fotografiertes Ohr war gänzlich der offenbar mangelhaften Kopiertechnik der Bundesdruckerei zum Opfer gefallen. Wo in natura eine wohlgeformte Muschel sitzt, prangte – nichts!

Meine liebende Gattin lud mich aus Mitleid bei Gino, unserem Stamm-Italiener, zum Abendessen ein. Als wir uns gesetzt hatten, bemerkte ich an einem der Nachbartische Frau Sägebiehl, den Meisterfotografen und einen Unbekannten. Ich winkte Gino heran und fragte ihn, ob er die drei kenne. Er nickte. »Natürlich«, sagte er dann, »das sind Frau Sägebiehl von der Stadtverwaltung und ihr Mann. Der dritte ist Frau Sägebiehls Bruder, der Fotograf. Sagen Sie bloß, Sie kennen die nicht?«

*Wie zahlreiche Umfragen beweisen, gehen
Männer nur sehr ungern einkaufen. Wenn
sie es doch einmal tun, nehmen sie für gewöhnlich keine Einkaufstasche mit. Wozu
gibt es schließlich Plastiktüten? Und Einkaufswagen sind für Männer nur lästiger
Ballast, mit dem man ständig irgendwo an-
eckt. Wozu hat man schließlich zwei gesunde Arme? Vor allem aber wollen Männer nur eins: schnell wieder raus aus dem
Laden. Dummerweise könnte ausgerechnet
dieser Wunsch eher in Erfüllung gehen,
hätte man sich am Eingang einen Einkaufswagen gesichert.*

Im Würgegriff der Kassenschlange

Beim Frühstück eröffnete mir meine liebende Gattin, sie
müsse vormittags wegen einer Vorsorgeuntersuchung mit
der bisher einzigen unserer Töchter zum Zahnarzt. Der
tägliche Einkauf falle daher mir zu. Ich wollte mich mit
dem Hinweis auf den herannahenden Redaktionsschluss
wehren, als ich hörte, wie sie ihre Bitte mit der Drohung
»... oder ich bringe uns etwas vom BurgerMac mit« ab-
schloss. Leider weiß sie sehr genau, dass man mich mit
der Aussicht auf Gummilappen zwischen Pappdeckeln er-
pressen kann. Ich sagte also zu. Der spontane Protest der
bisher einzigen unserer Töchter, die für sich bereits voller
Vorfreude »BurgerMac« in »Spaßburger mit Pommes rot-

weiß« übersetzt hatte, ließ mich kalt. Mein Gaumen hat die älteren Rechte.

»Gegen eins sind wir zurück!«, rief meine liebende Gattin mir etwas später zu, während sie die bisher einzige unserer Töchter mit sanfter Gewalt in Richtung Haustür zog. »Der Einkaufszettel liegt auf dem Esstisch!« Ihre Abschiedsworte gingen fast im Protestgeschrei unseres Nachwuchses unter, dessen passiver Widerstand schmerzhaft mit einer zufallenden Haustür kollidiert war.

Mit dem festen Vorsatz, schnell wieder an meinen Schreibtisch zurückzukehren, traf ich gegen halb elf im örtlichen Supermarkt unseres geringsten Misstrauens ein. Da mein letzter Besuch dort schon einige Wochen zurücklag, fand ich mich nicht sofort zurecht: Unsichtbare Helfer hatten meine Abwesenheit dazu genutzt, das gesamte Ladeninnere um 180 Grad zu drehen. Die Folge war, dass ich zehn Minuten lang nach einer Tüte Nudeln forschte. Weitere fünf Minuten kostete mich der perfide Einfall des unbekannterweise mit mir verfeindeten Marktleiters, die Milch in die Getränkeabteilung zu verlegen. Nur der Thunfisch war noch an seinem angestammten Platz: Er hatte genau in der Drehachse des Ladens gestanden.

Nach zwanzig Minuten strebte ich der Kasse zu. Schon von weitem erblickte ich dort drei Schlangen scheinbar herrenloser Einkaufswagen, deren Besitzer offenbar Verfechter der Einkaufsmethode »Fixstern« waren. Bei dieser stürmt die einkaufende Person von der Eingangstür direkt zur Kasse und stellt dort den Wagen ab. Dann sammelt sie die benötigten Artikel ein. Von Zeit zu Zeit kehrt sie zum Wagen zurück, um ein oder zwei Päckchen hineinzulegen. Dabei beschreibt sie nahezu zwangsläufig eine sternförmige Figur, deren Fixpunkt der Einkaufswagen ist, daher der Name. Da dieses Verfahren hauptsächlich von älteren, alleinstehenden Damen angewandt wird, musste der Laden von Rentnerinnen wimmeln. Mir schwante Fürchterliches: Die Einkaufsbrigade des Altersabteilung des Alice-Schwarzer-Fanclubs war auf dem Kriegspfad.

Und richtig: Wie auf ein militärisches Kommando hin stürzte bei meinem Herannahen aus allen Ecken des Supermarkts ein wilder Haufen älterer Frauen auf die Kassen zu. In Windeseile steuerte jede einzelne zielsicher ihren Wagen an, legte einen letzten Artikel hinein und stellte sich dahinter. Ich war Nummer acht in meiner Schlange. Wechseln war unmöglich: Jede der drei geöffneten Kassen war gleichmäßig belegt.

Nachdem ich derart festgesetzt worden war, begann die persönliche Folter. Jeweils von der vorletzten Position her beginnend tröpfelten die einkaufenden Foltermägde einzeln zurück zu den Regalen, um noch fehlende Kleinigkeiten einzusammeln. Nie entschwand dabei die direkt vor mir stehende Kundin, denn dann hätte ich womöglich vorrücken können. Um mich zu verhöhnen, tauschten einige besonders begabte Exemplare zwischendurch grinsend die Plätze.

Ich malte mir in Gedanken schon das Donnerwetter meines Chefredakteurs aus, da bemerkte ich, dass manchmal eine an der Kasse ankommende Kundin, die nur zwei oder drei Artikel bei sich trug, freundlich durchgewinkt wurde. Ich witterte meine Chance. Schüchtern bat ich die vor mir stehende Dame, mich ebenfalls vorzulassen. Langsam drehte sie sich um. Nie zuvor war ich von einem derart angewiderten Blick gemustert worden. »Stellt euch vor, der freche Kerl will sich vordrängeln!«, rief sie laut. Ihre Stimme klang, als hätte ich ihr ein höchst unsittliches Angebot gemacht. Im selben Moment durchbohrten mich mindestens zwanzig glühende Augenpaare.

Bevor mich die Menge mit Suppendosen und Milchkartons steinigen konnte, entledigte ich mich meiner drei Artikel, indem ich sie in den nächsterreichbaren Einkaufswagen warf, und floh aus dem Supermarkt. Im Hinauslaufen vernahm ich noch ein vielstimmig-drohendes »männlicher Chauvinist«.

Auf dem Heimweg fuhr ich beim BurgerMac vorbei. Ich liebe Spaßburger mit Pommes rot-weiß. Das Einkaufen aber überlasse ich in Zukunft der weiblichen Familienhälfte. Besuche in Supermärkten überlebt nämlich auf die Dauer nur das stärkere Geschlecht.

»Es ist 18 Uhr. Sie hören die Nachrichten. Hannover. In der Kies-Affäre wächst der Druck auf Staatssekretär Guntram Metzger. Medienberichten zufolge soll der Politiker nicht nur etlichen Bauunternehmen gegen Parteispenden lukrative Aufträge zugeschanzt, sondern auch Spesen in fünfstelliger Höhe undurchsichtig verbucht haben. Metzger bezeichnete die Vorwürfe als haltlos und lehnte einen Rücktritt ab. Berlin. Einem aktuellen Bericht des Bundesfinanzministeriums zufolge haben Schwarzarbeit und Steuerhinterziehung in Deutschland ein neues Rekordniveau erreicht ...«

Skandal im Citycafé
oder: Schmidtke und der Spesensumpf

Beim Betreten des Citycafés lief ich direkt in die Arme von Schmidtke, seines Zeichens Versicherungs-Sachbearbeiter und einer unserer vielen freundlichen Nachbarn. Ich wollte mich noch schnell ducken, aber ein Entkommen war unmöglich. Er zerrte mich an seinen Tisch und winkte heftig der Bedienung, um uns einen Kaffee zu bestellen.

Kaum hatte ich meine Jacke abgelegt und mich gesetzt, da reichte mir Schmidtke schon die im Café aushängende örtliche Tageszeitung. »Heute schon gelesen?«, stieß er mit hochrotem Kopf hervor und wies mit bebendem Zeigefinger auf einen Artikel. Der Überschrift war zu entnehmen, dass es darin um die neuesten Erkenntnisse hinsichtlich der fehlerhaften Spesenabrechnungen eines parlamentarischen Staatssekretärs ging. »Was sagen Sie dazu?«, empörte sich Schmidtke. »Als ob so ein Regierungsbeamter nicht genug verdient. Ein echter Skandal!« Zutiefst erschüttert zog er sodann eines seiner unvermeidlichen, aus der Bundeswehrzeit ins zivile Leben hinübergeretteten Armeeschnupftücher aus der Tasche und tupfte sich den Schweiß von der Stirn.

»Aber uns erhöhen sie ständig die Steuern und die Abgaben!«, schimpfte Schmidkte, während die Bedienung zwei volle Tassen vor uns hinstellte. Dann steckte er das Taschentuch weg und rührte Milch in seinen Kaffee. »Ich sage nur Mehrwertsteuer, Mineralölsteuer, Solidaritätszuschlag, Gesundheitsfonds. Wenn ich keinen Firmenwagen hätte, ich wüsste nicht, wie ich noch zurechtkommen sollte. Und wofür? Lesen Sie, lesen Sie nur. Dass so ein Staatssekretär nicht mit über 17.000 Euro im Monat zufrieden ist!« Er entriss mir die Zeitung, zückte einen vergoldeten Kugelschreiber der Marke »Securitas-Versicherungen« und unterstrich dick den Namen der Partei des Skandalbeamten. »Die sind doch alle gleich. Was mich betrifft – meine Stimme kriegen die nie wieder!«

Er bemerkte noch, dass die Politiker sich wohl demnächst auch noch Kleidung und Schuhe vom Steuerzahler finanzieren lassen würden. Das sei dann doch etwas übertrieben, wollte ich ihn beruhigen. Aber wenn Nachbar Schmidtke sich einmal in Rage geredet hat, ist er so leicht nicht mehr zu bremsen. »Und alles von unseren Steuern. Apropos Steuern: Haben Sie auch schon die Kinderzimmer an Ihren Nachwuchs vermietet? Ach, Sie wohnen ja noch zur Miete. Ich spare da enorm bei der Einkommenssteuer. Die frisst mich sonst auf bei meinem Gehalt und den Provisionen. Aber man braucht einen guten Steuerberater. Ich kann Ihnen da meinen empfehlen, ist ein ehemaliger Finanzbeamter.« Schnell schrieb er etwas in seinen Notizblock, auf dem werbewirksam der Schriftzug seines Arbeitgebers prangte, und riss die Seite heraus. Dann reichte er mir das Blatt mit der Adresse des Steuerexperten, der vor Jahren die Fronten gewechselt hat und seither mit allen erdenklichen Mitteln gegen seinen einstigen Brötchengeber kämpft. Ich bedankte mich und steckte das Papierchen ein. Allerdings wusste ich nicht so recht, wie ich auf die Schnelle an ein Haus kommen sollte, in dem ich dann ein Zimmer an die bisher einzige unserer Töchter vermieten könnte.

Eine Weile plauderten wir noch. Schmidtke erzählte mir, dass er in ein paar Tagen wieder genesen sein werde. Ich entschuldigte mich, weil ich nicht bemerkt hatte, dass er leidend war. Lächelnd winkte er ab. »Ist nichts Schlimmes, ein bisschen Ziehen in der linken Hand. Aber mein Hausarzt ist gut, da kriege ich schnell mal den Gelben Schein.«

Als ich mich endlich erhob und der Bedienung winkte, um meinen Kaffee zu bezahlen, zog mich Schmidtke auf den Stuhl zurück. »Lassen Sie, lassen Sie doch«, raunte er mir zu. »Ich übernehme das.« Als ich mich bedanken wollte, lehnte er sich weltmännisch zurück. »Ist doch selbstverständlich. Mein Spesenkonto für diesen Monat ist noch nicht ausgeschöpft.«

Abschalten ist
auch keine Lösung

Ein modernes Handy ist ein wahres Wunderwerk der Technik. Man kann mit ihm E-Mails empfangen und ins Internet gehen. Es erinnert seinen Besitzer an Geburtstage, unterhält ihn mit Musik und zeigt ihm den Weg, wenn er sich einmal verfranzt hat. Es macht Fotos, spielt Filme ab und kontrolliert sogar aus der Ferne die Heizung. Und für alles, was ein modernes Handy von Haus aus nicht kann, gibt es ganz bestimmt eine App. Die Sache hat nur einen Haken: Mit dem schlauen Handy kann man – genau wie mit seinen nicht ganz so schlauen Vorgängern – überall telefonieren.

Rosa Lammrücken mit Handy

Neulich waren meine liebende Gattin und ich nach langer Zeit wieder einmal auswärts essen. Wir hatten für uns einen Tisch bei Gino, unserem Stamm-Italiener, und für die bisher einzige unserer Töchter einen Babysitter bestellt. Als wir gut gelaunt gegen acht Uhr im Restaurant eintrafen, war es fast leer, was wahrscheinlich daran lag, dass am selben Abend im Fernsehen ein entscheidendes Fußballspiel mit deutscher, aber ohne italienische Beteiligung übertragen wurde. Nur ein älteres Ehepaar saß an einem Tisch in der Ecke und war bereits beim Hauptgang. Die Ruhe war himmlisch, genau das Richtige nach einem hektischen Tag in der Redaktion.

Gino hatte uns gerade die Vorspeise gebracht, da betrat Schmidtke, seines Zeichens Versicherungs-Sachbearbeiter, wohnhaft in unserer Nachbarschaft und ein äußerst mitteilsamer Mensch, in Begleitung eines Kollegen das Lokal. Er begrüßte uns überschwänglich, setzte sich dann aber glücklicherweise an einen etwas weiter entfernten Tisch und unterhielt sich angeregt mit seinem Begleiter.

Als Gino uns den Fisch servierte, hörten wir plötzlich ein durchdringendes Piepsen, das aus der Richtung von Schmidtkes Tisch zu kommen schien. Ich sah hinüber und bemerkte, wie unser freundlicher Nachbar sein Handy aus der Brusttasche zog, es aufklappte und an sein linkes Ohr hielt. »Schmidtke hier!«, meldete er sich so laut, dass das ältere Ehepaar in der Ecke sichtlich zusammenzuckte. »Grüß dich, Heinz!« Schmidtke griff nach seinem Glas. »Magen-Darm-Grippe? Das tut mir aber leid!«, tönte es durch das Restaurant. Ich legte die Gabel beiseite. »Schade, ich hatte mich sehr auf morgen Abend gefreut«, hörte ich Schmidtke noch sagen. »Na ja, da kann man nichts machen. Gute Besserung und bis bald!« Dann klappte er das Handy zusammen und steckte es weg.

Meine liebende Gattin und ich widmeten uns wieder unserem Fisch. Keine fünf Bissen später piepste es jedoch erneut. »Schmidtke hier! Fräulein Weber? Um diese Zeit noch?« Fräulein Weber ist Schmidtkes Sekretärin. Das ältere Ehepaar seufzte leise. »Nein, am Freitagvormittag keinen Termin, da bin ich beim Arzt wegen meiner Hämorrhoiden. Aber das wissen Sie doch!« Etwas ärgerlich steckte Schmidtke das Handy weg.

Als Gino an unseren Tisch kam, um die leeren Teller abzuräumen, piepste es zum dritten Mal. Diesmal rief Schmidtke jedoch selbst jemanden an. »Änne? Schmidtke hier!« Änne ist Schmidtkes Lebensgefährtin. »Hallo, ja! Du, es tut mir leid, aber ich kann doch erst später ...« Kurzes Schweigen. »Was ist mit Verena? Fieber?« Verena ist Schmidtkes Tochter aus einer früheren Beziehung. »Erbrochen hat sie auch schon?« Meiner liebenden Gattin fiel fast das Weinglas aus der Hand. Das ältere Ehepaar stöhnte gequält auf. »Ruf doch schon mal Dr. Susemihl an«, schloss Schmidtke sein Gespräch. »Ich komme so bald wie möglich.« Auch wenn ich ihn gerade abgrundtief hasste, Schmidtke liebt seine Tochter über alles, das muss man ihm lassen.

Zum Hauptgang hatten wir rosa gebratenen Lammrücken bestellt. Gino hatte vorgelegt und zog sich soeben zurück, da schallte ein weiteres »Schmidtke hier!« zu uns herüber. »Hallo, Herr Kaiser!« Das ältere Ehepaar bereitete offenbar gerade den geordneten Rückzug vor und zahlte. »Ein Wasserschaden? In der Toilette? Alles überschwemmt? Wie ärgerlich. Erzählen Sie mal, wie ist denn das passiert?«

Die bildliche Vorstellung des Zustands der Toilette des Herrn Kaiser gab auch uns den Rest. Ich winkte Gino heran, zahlte und verließ mit meiner liebenden Gattin fluchtartig das Restaurant. Draußen atmeten wir beide erst einmal tief durch, sahen uns lange an und fuhren dann rasch nach Hause. Als wir zurück in unsere Wohnung kamen, hatte Nachbar Schmidtke bereits auf unseren Anrufbeantworter gesprochen. Ob alles in Ordnung sei, wollte er wissen, wir seien so schnell verschwunden, er hätte doch im Restaurant gern noch ein paar Worte mit uns gewechselt. Für alle Fälle hinterließ er die Nummer seines Handys. Das brachte mich auf eine Idee.

Am Sonnabend darauf hatten wir Gäste. Meine liebende Gattin feierte ihren Geburtstag. Da wir nach dem Essen gern etwas Zerstreuung haben, schlug ich ein neues Gesellschaftsspiel vor. Es heißt »Schmidtke hier!« und geht so: Die Spieler versammeln sich nach Mitternacht um ein Telefon, vorzugsweise mit Wahlwiederholung, und rufen abwechselnd alle zehn Minuten einen gewissen Versicherungs-Sachbearbeiter an. Wenn dieser sich mit einem verschlafenen »Schmidtke hier!« meldet, sagt man fröhlich »Verzeihung, falsch verbunden!«, legt auf und bekommt einen Punkt. Wenn nach zwei Uhr das Handy noch abgenommen wird, verdoppelt sich die Punktzahl. Das Spiel dauerte bis vier Uhr früh. Meine liebende Gattin gewann. Ich wurde Zweiter.

Am Sonntagnachmittag wollte ich mich telefonisch bei Schmidtke für seine fürsorgliche Nachfrage auf unserem Anrufbeantworter bedanken. Ich erreichte ihn nicht. Statt »Schmidtke hier!« meldete sich eine weibliche Stimme mit der monotonen Ansage »Kein Anschluss unter dieser Nummer«. Offenbar hatte unser Nachbar noch am Sonntagmorgen seinen Handyvertrag gekündigt.

Nächsten Mittwoch gehen wir essen. Zu Gino. Vielleicht sitzt dann ja wieder jemand mit einem Handy an einem der Nachbartische.

Der Biorhythmus des modernen Menschen wird im Wesentlichen von drei Dingen beeinflusst: dem Lauf der Sonne, den Sonderangeboten der Supermärkte und dem Fernsehprogramm. Besonders Letzteres hat, vor allem seit der amtlichen Zulassung von ausschließlich werbefinanzierten Sendeanstalten, sehr großen Einfluss auf unseren Tagesablauf, unsere Gewohnheiten und damit unser Wohlbefinden. Gäbe es nämlich keine Werbepausen, wann sollten wir zur Toilette gehen, Bier aus dem Kühlschrank holen oder uns die Zähne putzen? Und wie sollten wir jemals etwas von den Sonderangeboten der Supermärkte erfahren?

Mit feinen Klößchen ist nichts unmöglich

Im Grunde ist alles meine Schuld. Ich hätte die Gefahr frühzeitig erkennen müssen. Sie deutete sich nämlich schon beim Frühstück an, als im Morgenmagazin die Sponsoren vor dem Sportblock fehlten. Wir lieben es, wenn die beiden Clowns Mika und Niki mit einem Pappkarton spielen, der so schön »brumm-brumm« macht, wenn man ihn öffnet. Heute morgen brummte es nicht. Meine liebende Gattin schien mir seltsam nervös. Da hätte ich es schon ahnen können. Spätestens jedoch, als vor dem Wettervogel nicht der unvermeidliche abgehalfterte Altnationalkicker mit dem Urlaubstick auf dem Bildschirm erschien, hätten bei mir die Alarmglocken schrillen müssen.

Auch beim Mittagsmagazin fiel mir noch nichts auf. Allerdings hält sich die werbende Industrie ohnehin seit einiger Zeit im Umfeld von Börsenberichten und Wirtschaftsnachrichten vornehm zurück. Und am Nachmittag, als die bisher einzige unserer Töchter wie üblich alte Trickfilme begutachtete, konnte sie ihren vom Zappen bereits leicht entzündeten Daumen schonen, weil erneut keine Werbepausen stattfanden. Das wunderte mich zwar schon ein wenig, weil sonst im Kinderprogramm immer viele blonde Pferdchen und ähnliches Getier auf dem Bildschirm herumhüpfen. Aber ich freute mich darüber, dass ihre kleinen Finger auf diese Weise etwas zur Ruhe kamen.

Ich dachte also an nichts Böses, als meine liebende Gattin und ich uns nach dem Abendessen auf dem Sofa niederließen, um in der täglichen Kochshow nach dem Rechten zu sehen. Zunächst schien alles wie immer zu verlaufen: Die Nudeln der offenherzigen blonden Kandidatin waren zu wenig al dente, der langhaarige Künstlertyp mit dem verwöhnten Gaumen hatte an jedem Gang etwas auszusetzen, der Quotenschwule mäkelte am Ambiente der Wohnung herum und aus dem Off kamen wie gewohnt feinsinnig-bissige Kommentare. Allerdings litt die Spannung ein wenig, weil vor der finalen Punktevergabe nicht wie üblich eine Werbepause eingeschoben wurde.

Wir schalteten um zu unserer Lieblingskrimiserie, in der normalerweise nach dem ersten Mord stets liebevoll aufbereitete Produktinformationen präsentiert werden. Als es nach dem zweiten Mord immer noch keine Werbeunterbrechung gab, geschah es dann: Meine liebende Gattin wurde unruhig. Zunächst bemerkte ich, wie sie nervös auf dem Sofa herumrutschte. Dann sah ich, wie ihre Hände unmerklich zu zittern begannen. Kaum zwei Minuten später mischte sich dezentes Zähneklappern unter die Krimimusik. Zuerst dachte ich, der Komponist habe eine dramatische Schlagzeugfolge kreiert, um einen weiteren Mord vorzubereiten. Als ich dann aber nach rechts blickte, sah ich meine liebende Gattin mit weit aufgerissenen Augen, bebenden Nasenflügeln und heftig zitternden Mundwinkeln in Richtung Fernseher starren.

Ich hörte sie etwas murmeln, das wie »Homannomann« klang. Dann griff sie wie in Trance nach der Fernbedienung und schaltete um. Zunächst erwischte sie einen durch Zwangsgebühren finanzierten und daher nach 20 Uhr werbefreien Sender, erkannte diesen aber sofort an dem kleinen Hackebeilchen rechts oben. Sie sagte etwas wie »Nässeschutz« und zappte sich schnell zu Sat.1 durch. Volksmusik erklang. Keine Werbung. Da sie das Umschalten aber etwas beruhigt hatte, wartete sie leise zitternd fünf Minuten ab. Dann ein Aufschrei: »Mit feinen Klößchen!« Wild tippte sie auf der Fernbedienung herum. ProSieben, Kabel eins, RTL2: Nichts! Keine Ultra-Fettlöser. Keine Mega-Farbfaktoren. Keine Spaßburger mit Pommes rot-weiß. Rein gar nichts! Meine liebende Gattin sprang auf. »Pasta pasta«, röchelte sie wie in Ekstase, während dicke Tränen über ihr Gesicht rollten. Dann brach sie zusammen. Die Fernbedienung hielt sie noch im Fallen fest umklammert.

Der Arzt kam glücklicherweise sehr schnell, er wohnt in der Nachbarschaft. Nach der zweiten Valiumspritze ging es meiner liebenden Gattin schon besser. Nur alle paar Minuten schluchzte sie noch ein leises »roggenecht« in ihr Kopfkissen. Aber auch das war bald vorbei und sie schlief wie ein Kind.

Die Ruhepause nutzte ich, um ihr behutsam die Fernbedienung aus der Hand zu nehmen. Dann machte ich mich daran, aus aufgezeichneten Spielfilmen alte Werbeblöcke auf eine DVD zu kopieren. Hauptsächlich singende Affen und Fische sowie ein paar linksdrehende Joghurts für meine liebende Gattin. Für mich natürlich schnapstrinkende Vögel. Und für die bisher einzige unserer Töchter einige waschende Füchse und telefonierende Dinos.

Der Arzt hat mir nämlich gesagt, ein solcher Anfall könne sich wiederholen. Es empfehle sich daher, immer etwas Reklame im Medizinschränkchen zu haben. Nur für den Fall, dass uns wieder einmal ein werbefreier Fernsehtag ins Haus steht.

*Das harmonische Zusammenleben von
Männern und Frauen wird durch große
kulturelle Unterschiede erschwert. Diese
äußern sich zum Beispiel in der Größe der
von den Geschlechtern benötigten Schuh-
schränke, der Verweildauer vor Schmink-
spiegeln und den Vorlieben beim abendli-
chen Fernsehgenuss. Letztere lassen sich
heutzutage aber dank des technischen Fortschritts zum Glück in Einklang bringen:
Ausgefeilte Aufzeichnungsmethoden erlau-
ben es modernen Paaren, gleichzeitig lau-
fende Lieblingssendungen zu speichern und
getrennt voneinander anzuschauen. Vor-
ausgesetzt, die Fernsehsender spielen mit.*

Keine Chance für Belmondo

Vorgestern morgen wurde mir gleich beim ersten Blick
auf die Fernsehseite unserer Lokalzeitung klar, dass Probleme ins Haus standen. Fast gleichzeitig begannen nämlich im Abendprogramm unsere Lieblingskrimiserie, das
große Küchenquiz mit Johann Leuchter, ein Film mit Robert Redford, den meine liebende Gattin geradezu verehrt,
und die Piet-van-der-Klonten-Show. Letzteres ist die Sendung mit dem finalen Wettschwimmen in Olivenöl, bei
der der Sieger eine sprechende Waschmaschine gewinnt,
und unsere bevorzugte Show. Außerdem war ein alter Belmondo-Film angekündigt. Ich liebe alte Belmondo-Filme.

Da wir zum Abendessen bei meiner ökologischen Schwiegermutter und ihrem Lebensgefährten eingeladen waren, plädierte ich dafür, den Belmondo aufzuzeichnen. Der spontane Protest meiner liebenden Gattin ließ die Kaffeetasse in meiner Hand erzittern. »Wilfried und Friederike sind abends nicht zu Hause und Wilfried will das Handballspiel aufzeichnen«, klärte mich die technische Direktorin unseres DVD-Rekorders auf. »Friederike will aber die heutige Folge von ›Seniorenheim Sangeslust‹ nicht verpassen. Da tritt nämlich Howard Carpendale als Gaststar auf.« Friederike schwärmt seit langem für Howie und hatte deshalb meiner liebenden Gattin schon vor Tagen das heilige Versprechen abgenommen, unbedingt das »Seniorenheim« aufzunehmen. Unser DVD-Rekorder war also quasi beschlagnahmt.

Meine liebende Gattin rief dann gleich nach dem Frühstück Tanja an, ihre zweitbeste Freundin, um diese zu fragen, ob sie nicht Robert Redford aufnehmen könne. Mein Belmondo-Film war offenbar bereits ohne weitere Diskussion der weiblichen Zensur zum Opfer gefallen. Leider sah sich Tanja außerstande. Sie wollte unbedingt die »Klinik im Tulpenfeld« aufzeichnen. Redford war also k.o. gegangen, was ich aber aus Sympathie mit Belmondo nur halbherzig bedauerte.

Leider kenne ich sonst niemanden, der für Belmondo und mich seinen DVD-Rekorder anwerfen würde. Etwas wehmütig machte ich mich also am frühen Abend mit meinen beiden Damen auf den Weg zu meiner ökologischen Schwiegermutter. Die bisher einzige unserer Töchter hatte wegen ihrer Abneigung gegen Sojabratlinge mit Dinkelpüree an Sauerampferschaum vorsichtshalber schon zu Hause etwas gegessen und begab sich sofort nach unserer

Ankunft vor den großmütterlichen Fernseher, um sich durch das Vorabendprogramm zu zappen.

Plötzlich stand sie breit grinsend in der Tür und teilte uns mit, dass die Piet-van-der-Klonten-Show ausfalle, weil unbedingt ein Tennisfinale mit deutscher Beteiligung übertragen werden müsse. Die bisher einzige unserer Töchter leidet immer sehr, wenn ihre Lieblingssendungen Sportübertragungen weichen müssen. Sie gönnt es jedem Erwachsenen daher von ganzem Herzen, wenn ihn dasselbe Schicksal trifft.

Kurze Zeit später fiel der Robert-Redford-Film urheberrechtlichen Problemen zum Opfer. Die Gelegenheit nahm der zuständige Sender zum Anlass, ein Volleyballfinale mit deutscher Beteiligung zu übertragen. Eine Viertelstunde später stürzte die bisher einzige unserer Töchter erneut wild gestikulierend ins Wohnzimmer. Über alle Backen strahlend eröffnete sie uns, dass auch die Howie-Folge des »Seniorenheims« entfalle, weil ein Federballfinale mit deutscher Beteiligung stattfinde.

Ich sah meine Chance und handelte sofort. Ohne mich zu verabschieden sprang ich in unsere familiäre Kombilimousine, eilte nach Hause und programmierte den DVD-Rekorder um. Belmondo war gerettet. Bei meiner Rückkehr registrierte ich, dass die Blicke meiner liebenden Gattin und der bisher einzigen unserer Töchter leicht umwölkt waren. Sie ahnten wohl, dass ich weder unsere Lieblingskrimiserie noch das große Küchenquiz mit Johann Leuchter programmiert hatte.

Später am Abend kehrten wir nach Hause zurück. Mein erster Griff galt der Fernbedienung. Ich schaltete den DVD-Rekorder ein, holte ein Bier aus dem Kühlschrank, setzte mich vor den Fernseher und drückte auf den Startknopf.

Meine liebende Gattin erzählte mir am nächsten Morgen, ich sei nach den ersten Worten der Ansagerin sofort in Ohnmacht gefallen und sie habe mich zusammen mit der bisher einzigen unserer Töchter ins Bett tragen müssen. Das muss stimmen. Das Letzte nämlich, woran ich mich erinnern kann, sind die Worte »Meine Damen und Herren, aus dem Volksparkstadion übertragen wir in Abänderung unseres Programms ...«

Während das Fernsehen schon lange digital ist, schaukelt das gute alte Dampfradio immer noch auf altmodischen analogen Wellen durch den Äther. Aber damit schon ist bald Schluss, denn auch das Radio soll digital werden. Der heutzutage weit verbreitete Dudelfunk dürfte dann zwar besser klingen, am Programm aber wird sich – wie seinerzeit beim Fernsehen – wohl nichts ändern. Allerdings steigen durch die Digitalisierung die Risiken und Nebenwirkungen. Manchmal sogar schon lange bevor die Bits und Bytes auf die Reise geschickt werden.

Nieder mit der Strahlenkeule!

Heute Morgen traf ich beim Brötchenholen im Supermarkt auf Nachbar Frantzen, der sich sichtlich leidend von Regal zu Regal schleppte. Als ich mich mitfühlend nach seinem Befinden erkundigte, winkte er ab. »Fragen Sie mich nicht«, sagte er leise. »Seit Wochen mache ich keine Nacht ein Auge zu. Und das nur wegen dieses neuen Radios.« Warum er das Gerät denn nicht zurückgebe, wenn es seinen Schlaf störe, fragte ich ihn. Frantzen schaute mich ungläubig an: »Wer spricht denn von einem Gerät? Sagen Sie bloß, Sie haben noch nichts von dieser neuen Antenne gehört, die man ein paar Kilometer von hier installiert hat? Die sendet jetzt das neue Digitalradio, und das arbeitet mit Strahlen, die uns alle krank machen.«

Er habe schon alle Fenster mit Schutzfolien beklebt und die Außenwände mit Antistrahlenfarbe streichen lassen, berichtete Frantzen mit brüchiger Stimme. Aber das habe alles nicht geholfen: »Im Gegenteil, es ist immer schlimmer geworden.« Ständig habe er Kopfschmerzen und Ohrensausen, deshalb sei er auch schon mehrfach krankgeschrieben worden. Und das sei noch lange nicht alles: »Seit die Antenne aufgebaut wurde, ist meine Haut total trocken und ständig brennen mir die Augen. Mein Arzt vermutet sogar, dass ich Herzrhythmusstörungen habe«, sagte er. Morgen müsse er zur Untersuchung ins Krankenhaus.

Auf seine zahlreichen Beschwerdebriefe habe er natürlich nur abwiegelnde Antworten bekommen, fuhr Frantzen fort. »Deshalb habe ich jetzt eine Bürgerinitiative gegen die Antenne gegründet«, sagte er und kramte mit zitternden Fingern in seiner Jackentasche. Mit den Worten »Wollen Sie da nicht auch mitmachen?« reichte er mir einen Zettel, auf dem in großen Lettern der Aufruf »Nieder mit der Strahlenkeule!« prangte. Ich steckte das Blatt ein und versprach Frantzen, mir einen Beitritt zu seinem Verein zu überlegen. Dann verabschiedete ich mich, natürlich nicht ohne ihm gute Besserung zu wünschen. Als ich den Supermarkt verließ, meinte ich, einen Anflug von Kopfschmerzen zu verspüren. Mein linkes Auge begann zu brennen.

Am Frühstückstisch erzählte ich meiner liebenden Gattin von der Begegnung. Sie sah mich spöttisch lächelnd an. »Männer!«, sagte sie dann und reichte mir die heutige Ausgabe unserer Lokalzeitung. »Seite drei«, grinste sie. Als ich die Seite aufschlug, fiel mir ein großer Bericht ins Auge. »Mehr Programme in besserer Qualität«, lautete die Schlagzeile. »Neuer digitaler Radiosender nimmt in vier Wochen den Betrieb auf.«

Der moderne Mensch muss erheblich we-
niger arbeiten als seine Vorfahren und ver-
fügt deshalb – vor allem abends – über viel
mehr freie Zeit. Diese muss er natürlich
möglichst sinnvoll gestalten. Er könnte also
zum Beispiel ein Buch lesen, ins Theater
gehen oder mit der Familie Gesellschafts-
spiele spielen. Und was macht er statt des-
sen? Er landet allabendlich vor dem Fern-
seher. Glücklicherweise gibt es gute Freun-
de, liebe Verwandte und fürsorgliche Unter-
nehmen, die ihn immer wieder daran erin-
nern, dass es sinnvollere Tätigkeiten gibt.
Allerdings eher unabsichtlich.

Die telefonische Tonstörung

Nach einigen hektischen und sehr arbeitsreichen Tagen
durfte ich mich endlich auf einen ruhigen Abend freuen.
Kein Abgabetermin drängte, also entschloss ich mich, wieder einmal zusammen mit meiner liebenden Gattin die
Piet-van-der-Klonten-Show anzusehen. Das ist die Sendung
mit dem finalen Wettschwimmen in Olivenöl, bei der der
Sieger eine sprechende Waschmaschine gewinnt, und unsere bevorzugte Show. Also ließen wir uns, nachdem die
bisher einzige unserer Töchter ins Bett entschwunden war,
gemeinsam auf dem Familiensofa nieder. Wir verfolgten
noch die letzten Produktinformationen der Hygienearti-
kel-Industrie. Dann begann die Show.

Als der strahlende Moderator locker auf die Bühne hüpfte und sein berühmtes »Hallo!« mit dem langen holländischen »L« brüllte, klingelte das Telefon. Für die Privatleitung ist meine liebende Gattin zuständig, also rutschte sie ein Sofa weiter und nahm den Hörer ab. Am anderen Ende der Leitung war Tanja, ihre zweitbeste Freundin. Tanja hasst Piet van der Klonten. Sie rief an, um zu fragen, ob es wegen leichter Anzeichen von Grippe bei ihrer Tochter Nele, der besten Freundin der bisher einzigen unserer Töchter, und des damit verbundenen Infektionsrisikos nicht ratsam sei, den für den folgenden Tag vorgesehenen Besuch zu verschieben. Gesundheitspolitische Entscheidungen brauchen ihre Zeit, also schaltete ich den Fernseher stumm und bewunderte einen äußerst muskulösen Kandidaten, der bei seiner Vorstellung von optischen Beifallsstürmen begrüßt wurde.

Rechtzeitig zum ersten Werbeblock war das Gespräch beendet. Ich holte eine Tafel Schokolade aus dem Vorratsschrank. Nach meiner Rückkehr ging die Show mit dem spannenden Spiel »Flucht in Fesseln« weiter. Piet van der Klonten überprüfte gerade die Handschellen des Muskelprotzes, als das Telefon erneut klingelte. Diesmal war es Friederike, unsere beste Freundin. Sie hatte eine kurze Frage zur Bedienung ihres neuen DVD-Rekorders. Die Lösung technischer Probleme braucht ihre Zeit, also drehte ich erneut den Ton ab. Der Kandidat versuchte, begleitet vom sichtbar tosenden Applaus des Publikums, aus einem brennenden Stahlkäfig zu entkommen. Meine liebende Gattin legte auf, nachdem ihm das gelungen war und er von zwei Assistentinnen geherzt und mit großen Badetüchern der Marke »Freeways« von Brustmuskelschweiß befreit wurde. Fanfare. Werbung. Ich holte ein Bier aus dem Kühlschrank.

Piet van der Klonten hatte die Karten mit den Fragen des Quizteils schon in der Hand, da klingelte das Handy meiner liebenden Gattin. Meine ökologische Schwiegermutter wollte erstens wissen, wieso bei uns dauernd besetzt sei, und zweitens fragen, wie viele freilaufende Eier sie uns vom morgigen Bauernmarkt mitbringen solle. Ich brachte den Fernseher zum Verstummen und fluchte leise. Meine Schwiegermutter ist sehr sensibel und lehnt Fernsehshows ab. Nach nur zehn Minuten gelang es meiner liebenden Gattin unter Aufbietung ihrer ganzen Diplomatie, das Gespräch zu beenden. Eine blonde Kandidatin hatte das Quiz gewonnen. Ich werde nie erfahren, ob sie wirklich alle Fragen beantwortet oder die Jury mit ihrem freizügigen Outfit beeindruckt hatte. Fanfare. Werbung. Ich forschte im Barschrank nach Salzstangen.

Als ich wieder Platz genommen hatte, gab Piet van der Klonten den Startschuss für das Blinde-Kuh-Sackhüpfen. Zwei Kandidaten mussten mit verbundenen Augen den Olivenöl-Pool umrunden, wobei ihnen ihre mit Megaphonen ausgerüsteten jeweiligen Lebensgefährtinnen den rechten Weg weisen sollten. Gerade als der knapp in Führung liegende Kandidat ins Olivenöl plumpste, klingelte erneut unser Telefon. Die freundliche Chef-Kundenbetreuerin des bevorzugten Versandhauses meiner liebenden Gattin wollte sich erkundigen, ob mit der letzten T-Shirt-Lieferung alles in Ordnung gewesen sei. Außerdem gebe es zur Zeit einige äußerst interessante Sonderangebote. Geschäftliche Besprechungen brauchen ihre Zeit, also schaltete ich den Fernsehton ein weiteres Mal ab. Gespannt verfolgte ich, wie die sackhüpfendem blinden Kühe unter den perfekt ins Bild gesetzten stummen Jubelstürmen des Publikums wegen der Rechts-Links-Schwächen ihrer wegweisenden

Damen immer wieder ins Olivenöl fielen. Als meine liebende Gattin den Telefonhörer weglegte, wurden die öltriefenden Kandidaten, die es beide nicht bis ins Ziel geschafft hatten, vom Moderator mit warmen Worten und Trostpreisen verabschiedet. Fanfare. Werbung. Ich holte mir noch ein Bier aus dem Kühlschrank.

Dann kam das Finale! Zum Wettschwimmen traten an die Quiz-Blondine, nunmehr im knappen »Freeways«-Bikini, und der Muskelprotz in einem Body mit dem Schriftzug desselben Hygieneartikel-Herstellers. Pünktlich zum Startschuss klingelte mein Handy. Am anderen Ende meldete sich gut gelaunt Klausbernd, ein befreundeter Redaktionskollege, dem leider jegliches Gespür für wichtige Fernsehsendungen fehlt. »Ganz kurz«, klang es aus dem Hörer. Er wolle nur wissen, wann und wo die nächste Redaktionssitzung stattfinde. Als ich nach zehn Minuten auflegte, sah ich gerade noch einen wild über dem bereits laufenden Abspann in die Kamera winkenden Piet van der Klonten. Schlussfanfare. Werbung.

Ich erhob mich, um auf die Toilette zu gehen. Kurz bevor ich die Tür hinter mir zuzog, bemerkte ich noch, wie meine liebende Gattin mir einen vorwurfsvollen Blick hinterherschickte: »Immer wenn man mal ausnahmsweise zusammen fernsehen möchte, ruft einer deiner Kollegen an!«

»Möchtest du mit mir darüber reden, Pam?« – »Nein, jetzt nicht, Bobby.« In fast jeder »Dallas«-Folge kamen diese Sätze mindestens einmal vor. Die damaligen Drehbuchschreiber hatten offenbar den alten Goethe gründlich gelesen, denn schon der wusste:»Getret'ner Quark wird breit, nicht stark.« Im Laufe der Jahre ist der dichtende Geheimrat aber leider mehr und mehr in Vergessenheit geraten. Daher wird heutzutage im Fernsehen jeder Quark so lange breitgetreten, bis er zu fadem Käse geworden ist. Damit das nicht zu sehr auffällt, hat der Käse einen englischen Namen bekommen: Talkshow.

Bei Anruf Talk:
Helmkasuare gefällig?

Endlich habe ich es geschafft: Ich bin beim Fernsehen! Das verdanke ich einem Auftritt bei Gunnar Lauch. Das Thema seiner jüngsten Talkshow hieß: »Mit Glas in die Krise? Wenn der Ehemann Brille trägt.«. Ich bin glücklicherweise seit frühester Kindheit stark kurzsichtig, also war die Wahl der Redaktion auf mich gefallen. Es kann aber auch sein, dass ein Fernsehmensch wahllos ins Telefonbuch gestochen hatte und der Stift bei meinem Eintrag steckengeblieben war. Das vermutete jedenfalls meine liebende, aber leider zuweilen etwas gehässige Gattin.

Bisher hatte ich immer nur zugeschaut, wenn begabte Menschen über Dinge reden wie den Einfluss von Zimmerpflanzen auf die Geburtenrate. Ich war also zu Beginn der Sendung etwas nervös, während Moderator Lauch routiniert die Gäste begrüßte und Brillenstärken und aktuelle Familienstände abfragte. Links neben mir saß Oliver, ein junger Mann (4 Dioptrien, weitsichtig, ledig, Single, keine Kinder) mit modischer Hornbrille. Rechts wartete der rüstige Rentner Franz (2 Dioptrien, alterssichtig, Witwer, drei Neffen) mit Monokel und jugendlicher Lebensabschnittsgefährtin auf seinen Einsatz. Als Experte war Dr. Ernst-Maria Dosenbier gekommen (1 Dioptrie, kurzsichtig, verpartnert, schwul, drei Pudel). Dieser trug aus Eitelkeit keine Brille, dafür aber eines seiner zahlreichen Bücher bei sich, das er dezent in die Kamera hielt. 5 Dioptrien in Verbindung mit meiner liebenden Gattin und der bisher einzigen unserer Töchter machten mich zum Sieger des kleinen Wettbewerbs. Das Publikum, offenbar überwiegend Mitglieder von Fehlsichtigen-Selbsthilfegruppen, belohnte mich mit großzügigem Beifall. Das machte mir Mut.

Die Diskussion plätscherte zunächst locker dahin. Das änderte sich jedoch schlagartig, als Moderator Lauch den Experten zu der Behauptung anstachelte, die Qualität des Ehelebens stehe im direkten Zusammenhang mit der Sehstärke des Mannes. Spontan buhte ihn das Publikum, geschickt dirigiert vom Aufnahmeleiter, entrüstet aus. Buhrufe sind sehr unhöflich. Ich pfiff deshalb verstohlen auf zwei Fingern. Dr. Dosenbier musste das aber bemerkt haben, denn er schleuderte mir ein sehr unwissenschaftliches »Sie Glaskopp!« entgegen. Das konnte ich mir natürlich nicht gefallen lassen. Ich sprang also auf und verpasste ihm kamerawirksam eine saftige Ohrfeige. Mein verächtliches »Nacktauge!« nahm er noch mit auf den Weg in die Ohnmacht. Das Publikum trampelte vor Vergnügen und rief rhythmisch klatschend meinen Namen. Ich trat vor und verbeugte mich.

Moderator Lauch fühlte, dass ihm die Sendung entglitt. Nervös an meinem Ärmel herumzerrend wollte er mich zurück auf das Podium bugsieren. Außerdem flüsterte er mir unentwegt etwas zu, das wie »Ruhe geben« klang. Das ließ mich zur Höchstform auflaufen. Man versucht nicht ungestraft, den Quotenbringer einer Sendung mundtot zu machen. Ich entriss Lauch das Mikrofon, erklärte ihn unter dem Jubel des Publikums für abgesetzt, schickte ihn mit einer Links-Rechts-Kombination auf die Studiobretter und übernahm die Moderation. Von vier meiner Fans auf Händen durch das Studio getragen, beendete ich schließlich die Sendung, nicht ohne wie ein Profi auf den Werbeblock hinzuweisen. Während ich noch in die Kamera winkte, sah ich den halb bewusstlosen Ex-Moderator sanft lächeln. Ich glaube, er hatte begriffen und träumte von seiner gigantischen Einschaltquote.

Am folgenden Tag stand mein Telefon nicht still. Neben vielen Nachbarn und Freunden meldeten sich mehrere Fernsehsender. Ich nahm aber erst einmal nur drei Einladungen an. Man soll nicht übertreiben. Am Montag kommender Woche spreche ich bei Falk Flachswerk zum Thema »Entzücken mit krummem Rücken – Eheglück nach dem Bandscheibenvorfall«. Nächsten Monat behandeln Kassandra Kreischburger und ich eine Stunde lang die Frage »Entsorgen ohne Sorgen – Kondome in den Gelben Sack?«. Abschließend gastiere ich spätabends bei Belinda Bollinger. Das Thema steht noch nicht ganz fest, wahrscheinlich wird es heißen »Hund oder Mann – wenn Frauen zu Dompteuren werden«. Nachbar Frantzen leiht mir dafür seinen Dackel. Danach fahre ich erst einmal in den redlich verdienten Urlaub, auf Dschungeltour mit der ganzen Familie nach Neuguinea.

Sollte anschließend irgendein Sender an meinen gruppendynamischen Erfahrungen mit den dort beheimaten Helmkasuaren interessiert sein: Anruf genügt. Seit kurzem stehe ich mit meinem Zweitberuf im Branchenbuch, unter T wie Talkshowgast. Einen neuen Anrufbeantworter mit mehr Speicher habe ich jetzt auch. Man kann schließlich nie wissen, wann die nächste Talkshow ruft.

Fichtennadeln
im Festtagsbraten

In Deutschland gibt es rund 40 Millionen Haushalte. Alljährlich im Dezember stehen Marktforschern zufolge in diesen Haushalten etwa 29 Millionen Weihnachtsbäume. Ein durchschnittlicher Weihnachtsbaum hat rund 365 000 Nadeln. Auf jeden deutschen Haushaltsstaubsauger entfallen somit statistisch gesehen pro Jahr – Nadeln in Adventskränzen nicht mitgerechnet – genau 264 538 Tannennadeln. Die restlichen 87 Nadeln verteilen sich gleichmäßig auf dem Teppichboden unserer familiären Kombilimousine, wo sie allen Reinigungsbemühungen erfolgreich trotzen.

Wenn sanft die ordinäre Weihnachtsfichte nadelt

»Kümmere dich doch in diesem Jahr bitte einmal rechtzeitig um die Beschaffung unseres Weihnachtsbaums, Schatz!«, bekam ich Ende Oktober am Frühstückstisch von meiner liebenden Gattin zu hören. Nun hasse ich es, wenn ein nadelndes Ungetüm schon etliche Wochen vor Heiligabend auf dem Balkon steht. Mir reicht es völlig, wenn der selbst gesteckte Adventskranz spätestens am zweiten Adventssonntag aussieht, als hätten wir ihn an der Höhensonne getrocknet. Ich versuche also traditionell in jedem Jahr, den Vorgang der Baumbeschaffung so lange wie irgend möglich hinauszuzögern.

Außerdem sind Weihnachtsbäume teuer. Seit Jahren weigere ich mich daher standhaft, zu einem der vielen Baumhändler zu gehen, bei denen die Grünerzeugnisse nach Bruttometern gepreist werden und dann in der bezahlten Länge nie in unser Wohnzimmer passen. Ich ziehe es vor, mir einen Baum bei Erwin auszusuchen. Erwin lebt auf dem Land und hat einen großen Garten mit vielen Tannenbäumen in verschiedenen Größen. Man steckt einen Zehn-Euro-Schein ins Sparschwein seines Sohnes, nimmt eine Baumsäge und schon hat man einen Weihnachtsbaum. Sogar einen selbstgesägten, und das völlig legal.

Sehr zum Leidwesen meiner liebenden, aber leider mitunter äußerst trendbewussten Gattin hat Erwin nur eine Sorte Bäume: ordinäre Fichten. Gerade gewachsene Bäumchen, biologisch-dynamisch aufgezogen, aber eben: ordinäre Fichten. Und die sind dummerweise seit Jahren aus der Mode. Nordmanntanne muss es sein, zumindest aber Blaufichte. Weil die weniger nadeln und schöner sind und überhaupt jeder so etwas hat. »Wilfried und Friederike haben auch eine Nordmanntanne«, hörte ich daher zum wiederholten Mal einige Tage vor Weihnachten bereits kurz vor dem Aufstehen. »Und das schon seit mehr als zwei Wochen!«

Ich kenne weitaus angenehmere Arten, an einem Dezembermorgen geweckt zu werden. Also raffte ich mich nach dem Frühstück dazu auf, Erwin anzurufen. Gegen den wegen des Zeitdrucks schwächer werdenden Widerstand meiner liebenden Gattin vereinbarte ich mit ihm für die Mittagszeit einen Termin zum Baumabsägen. Dann machte ich mich daran, die familiäre Kombilimousine zum Transporter umzubauen. Das Mittagessen nahm ich allein zu mir, weil Erwin schon um halb zwei wieder zur Arbeit musste und die bisher einzige unserer Töchter erst um viertel nach eins aus der Schule kam.

Das Baumsägen ging schnell. Die ordinäre Fichte weigerte sich zwar, ordentlich in unserer familiären Kombilimousine Platz zu nehmen, das lag aber vor allem an einem leeren Bierkasten, dessen Vorhandensein mir entfallen war und den ich daher schon etliche Wochen lang spazieren gefahren hatte. Schließlich gelang es Erwin und mir aber doch, den Weihnachtsbaum in spe mit einer größeren Menge Kälberstrick umwickelt ins hintere Abteil zu verfrachten. Allzu viele Nadeln verlor er auf der Fahrt nicht. Auch auf der engen Treppe in unsere Wohnung erwies sich die ordinäre Fichte als erstaunlich stubenrein.

Von zwei skeptischen weiblichen Augenpaaren argwöhnisch beobachtet, schaffte ich es bis zum Balkon. Ich hatte noch nicht einmal den ersten Kälberstrick entfernt, da maulte schon die bisher einzige unserer Töchter. »Der ist doch viel zu klein und dünn«, vernahm ich undeutlich aus dem Wohnzimmer, während ich mit der mangelnden Standfestigkeit des Baums kämpfte. »Wilfried und Friederike haben einen viel dichteren«, ertönte eine botanische Anmerkung meiner liebenden Gattin. »Ich hab' doch immer gesagt, wir müssen zu Bauer Musenbrock gehen.« Bauer Musenbrock ist ein entfernter Nachbar und ein netter Mensch, allerdings nur, solange es nicht um den Preis für eine seiner wohlgehegten Nordmanntannen geht.

Ein Zweig, von dem ich gerade den Strick entfernt hatte, schlug heftig nach mir. »Wehe, wenn der Baum nadelt! Du weißt, er muss bis zum sechsten Januar halten.« Meine liebende Gattin war auf dem Balkon eingetroffen. »Und unten ist er jetzt schon ganz braun.« Mein Hinweis, das Bäumchen sei ohnehin zu lang und müsse noch um die welken

Zentimeter gekürzt werden, verfing nicht. Ich wisse doch ganz genau, dass wir die unteren Zweige immer für ein Tischgesteck bräuchten, belehrte mich nämlich daraufhin die bisher einzige unserer Töchter. Sie hatte erneut ihre Hausaufgaben unterbrochen und widmete sich mit Hingabe ebenfalls der Erstkritik unseres Weihnachtsbaums.

Die nächsten Tage vergingen ohne weitere Weihnachtsbaum-Bekrittelei. Es ist glücklicherweise im Winter nicht allzu lange hell und so oft kommen wir nicht an der Balkontür vorbei. Auch beim Schmücken an Heiligabend blieb es erstaunlich ruhig. Nur gelegentliche leise Seufzer meiner liebenden Gattin begleiteten das Aufhängen der Plastik-Lamettafäden.

Während der Bescherung kam uns allen das Bäumchen wirklich schön und adrett vor. Nur die bisher einzige unserer Töchter maulte, einige herabfallende Nadeln seien in die Lüftungsschlitze ihres neuen Computers gefallen, dieser stinke nun eklig nach verbranntem Adventskranz. Das konnte aber meine weihnachtliche Stimmung nicht trüben. Schließlich geht unser Nachwuchs glücklicherweise noch früh zu Bett.

Am ersten Weihnachtstag kommt immer die ganze Familie zu uns. Letztes Jahr bestand sie neben unseren Eltern auch aus Onkel Eberhard und Onkel Friedbert, meinen Brüdern. Allesamt erfahrene Weihnachtsbaumexperten, bis auf meine ökologische Schwiegermutter. Sie lehnt es ab, die Verantwortung für einen Tannenbaum-Mord zu übernehmen, und besteht darauf, ein Exemplar aus recycelten Joghurtbechern zu verwenden.

Kaum hatte sich die Expertenrunde um unseren Baum geschart, begann die Diskussion. »Der hängt ja nach links hinten«, hob mein Vater an. Und wurde prompt ergänzt durch Onkel Friedbert, der bemerkt haben wollte, dass der ganze Baum in sich nach rechts vorn schief gewachsen sei. Meine ökologische Schwiegermutter hielt sich höflich zurück, flüsterte aber ihrem Lebensgefährten etwas zu, das nach »Waldfrevel« und »Klimakatastrophe« klang. Ganz genau war das allerdings nicht zu verstehen. Gleichzeitig zog nämlich die bisher einzige unserer Töchter an meinem Sakko und bemerkte lautstark, es sei nun Zeit für die großelterlichen Geschenke. Überhaupt möge sie den Weihnachtsbaum sowieso nicht, der sei zu groß. Was meiner Mutter Anlass gab, darauf hinzuweisen, dass die Preise ja so hoch seien und ob wir uns denn einen fast drei Meter hohen Baum überhaupt leisten könnten. Noch ehe ich ihr erklären konnte, dass wir jedes Jahr dank Erwin nur zehn Euro bezahlen, musste ich Onkel Eberhard davon abhalten, einige Nadeln von einem der mittleren Äste abzuzupfen, um deren Festigkeit und damit den Gesundheitszustand des Baums zu prüfen. Beleidigt kommentierte er mein Einschreiten mit den Worten, die meisten Fichten seien sowieso krank, es sei also kein Wunder, dass unser Baum derart mickerig aussehe.

Abgesehen von ein paar Fichtennadeln in der Bratensoße verlief der Rest des Weihnachtsfestes harmonisch. Die Familie blieb nicht allzu lange. Meine liebende Gattin behauptete, dies habe an weiteren Nadeln im neuen Computer der bisher einzigen unserer Töchter und der entsprechenden Geruchsbelästigung gelegen, aber das war eine böswillige Unterstellung. Schließlich verlor der Baum erst in der Nacht auf den zweiten Weihnachtstag das zweite Drittel seiner Nadeln. Da hatten wir den Computer schon ins Kinderzimmer verfrachtet. Dafür saß morgens der Staubsauger zu, weil die bisher einzige unserer Töchter damit nicht nur die herabgefallenen Nadeln entfernt, sondern vorsorglich auch alle Äste abgesaugt hatte.

Drei Tage konnte ich unsere Weihnachtsfichte noch vor dem Schicksal bewahren, von meiner liebenden Gattin und der bisher einzigen unserer Töchter abgeschmückt und aus dem Wohnzimmer verbannt zu werden. Dann gab ich meinen Widerstand auf und verfrachtete den Baumstamm auf den Balkon. Dem Ratschlag meiner ökologischen Schwiegermutter, endlich einen Baum aus Recyclingkunststoff anzuschaffen, werde ich aber nicht folgen. Statt dessen gehe ich in Zukunft in der Adventszeit mit Bauer Musenbrock ein paar Mal zum Frühschoppen. Vielleicht hat der ja einen Enkel mit Sparschwein.

Seit man herausgefunden hat, dass Stan-
niol-Lametta äußerst gesundheits- und um-
weltschädlich ist, hängen an den meisten
deutschen Weihnachtsbäumen überwiegend
Silberfäden aus ökologisch unbedenklichem
Kunststoff. Im Lauf der Zeit wurden dann
weitere traditionelle, aber aus verschiedenen
Gründen bedenkliche Werkstoffe wie Holz,
Papier oder Stroh ebenfalls durch Plastik
ersetzt, was die festliche Dekoration des
trauten Heims um große Formenvielfalt
und Farbenpracht bereicherte. Und das,
weil Kunststoff günstig ist, nicht nur zur
Weihnachtszeit.

Gefangen in der Moosgummizelle

Er fiel mir gleich auf, als ich an einem Novemberabend
von der Arbeit in der Redaktion nach Hause kam. Schnee-
weiß leuchtete er mir von der Wohnungstür entgegen. Eine
überdimensionale knallrote Karotte steckte mitten in seinem lachenden Gesicht, aus dem zwei tiefschwarze Knopfaugen blitzten.

»Ist der Schneemann nicht toll?« Mit dieser Frage em-
pfingen mich meine liebende Gattin und die bisher einzige
unserer Töchter, kaum dass ich die Tür hinter mir geschlossen hatte. »Friederike war da«, erklärte meine bessere Hälfte. Den Schneemann habe sie uns geschenkt. Er sei aus
Moosgummi zusammengeklebt, das sei Friederikes neues

Hobby. »Und nächsten Mittwoch fahren wir zu ihr, dann zeigt sie uns, wie man so was macht«, freute sich unsere Tochter. »Cool, was? Tach, Papa!«

Eine Woche darauf kam ich erst spät am Abend nach Hause. Der Schneemann an der Wohnungstür hatte Zuwachs bekommen: Zwei herzallerliebste kleine Schneefräulein aus Moosgummi saßen links und rechts zu seinen Füßen, hinter ihm ragte eine schlanke Tanne auf. Ein richtig nettes Winterensemble empfing jeden Besucher unseres trauten Heims.

Die bisher einzige unserer Töchter lag bereits im Bett, also berichtete meine liebende Gattin vom Nachmittag bei Friederike: »Du kannst dir nicht vorstellen, wie viel Spaß das macht.« Und außerdem sei es ganz einfach. »Den Tannenbaum hat unsere Tochter ganz allein gebastelt.« Friederike habe auch noch jede Menge weitere Vorlagen, fuhr sie fort. Der Nussknacker am Wohnzimmerschrank – ich entdeckte ihn soeben – sei auch eine davon. »Nächste Woche machen wir noch mehr Adventsdekorationen. Du wirst sehen, wie hübsch das wird.« Mein Einwand, zum Advent gehörten zuvörderst ein Kranz aus Tannenzweigen und eine Weihnachtspyramide aus Holz, verfing nicht. Moosgummi sei jetzt eben modern, und einen Adventskranz bekämen wir natürlich sowieso.

»Pass auf, stör uns jetzt nicht – und tritt nicht auf den Santa Claus!« Gerade noch rechtzeitig konnte ich eine Woche darauf meine Schritte bremsen, mit denen ich zwecks Begrüßung in unser Wohnzimmer stürmte. Ein etwa einen Meter hoher, knallbunter, sehr amerikanisch anmutender Moosgummi-Weihnachtsmann mit einem gewaltigen weißen Rauschebart lag auf dem Fußboden.

Nachdem ich die Einkäufe provisorisch in meinem Arbeitszimmer zwischengelagert hatte – der Weg in die Küche, ihren eigentlichen Bestimmungsort, war wegen diverser auf dem Fußboden verteilter Moosgummistapel unpassierbar –, begrüßte ich meine liebende Gattin, die bisher einzige unserer Töchter und Friederike. Die Begrüßung fiel allerdings etwas flüchtig aus, denn die drei waren gerade damit beschäftigt, einem augenscheinlich ebenfalls aus der Neuen Welt stammenden Gummiengel seine Flügel anzukleben. »Vorsicht, heiß!«, wehrte mich meine liebende Gattin ab und wedelte warnend mit einer offenbar frisch erstandenen Klebepistole, deren Spitze gefährlich aussehenden Dampf absonderte. Lediglich die bisher einzige unserer Töchter drückte mir einen flüchtigen Kuss auf die Wange. Sie arbeitete mit Alleskleber, was den Austausch von Zärtlichkeiten ohne Verbrennungsgefahr erlaubt. Friederike küsse ich zur Begrüßung ohnehin eher selten.

Den Rest des Abends verbrachte ich inmitten von Einkaufstüten in meinem Arbeitszimmer. Er verlief sehr beschaulich, abgesehen von der gelegentlichen Untermalung durch ein »Ah, heiß!« meiner liebenden Gattin oder ein »Scheiße, schief!« der bisher einzigen unserer Töchter, die gedämpft aus dem Wohnzimmer herüberklangen. Gegen elf Uhr verließ uns Friederike, mit diversen Gummiteilen vermummt. Meine liebende Gattin fiel todmüde und mit mehreren Verbrennungen mindestens vierten Grades an den Fingerkuppen, aber glücklich ins Bett.

Am folgenden Abend gelangte ich in den Genuss einer Führung durch unsere Wohnung. Meine liebende Gattin hatte die am Tag zuvor erstellten Gummikunstwerke sorgfältig in der gesamten Wohnung verteilt – »dekoriert«, korrigierte sie mich mit leicht vorwurfsvollem Blick. »Ist das nicht toll, Papa?« Die bisher einzige unserer Töchter verwies auf den von ihr selbst hergestellten Knecht Ruprecht an der Tür zu meinem Arbeitszimmer. »Der ist für dich«. Das Gesicht erinnerte zwar ein wenig an Justin Bieber, einen aktuellen Musikschwarm unseres Nachwuchses, aber ansonsten war der Gummigeselle recht ansprechend geraten. Im Übrigen war unsere Wohnung von einer Vielzahl bunter adventlicher Motive bevölkert, die zwar allesamt amerikanischen Zeichentrickfilmen der Vierzigerjahre des vergangenen Jahrhunderts nachempfunden schienen, aber durchaus putzig anzusehen waren. Wenigstens lagerten draußen auf dem Balkon, wie ich feststellen konnte, schon die Tannenzweige für unseren Adventskranz.

Am ersten Adventssonntag besuchten meine liebende Gattin, die bisher einzige unserer Töchter sowie Friederike nebst ihren zwei Söhnen einen der allfälligen Hobbymärkte zur Weihnachtszeit. Dass es sich dabei um ein konspiratives Treffen von weihnachtlich gestimmten Moosgummi-Fetischisten gehandelt haben musste, wurde mir einige Tage später klar, als ich mein Arbeitszimmer betrat. Der bisher einzige von Adventsdekoration verschont gebliebene Raum war übervoll mit Weihnachtspyramiden, Nüssen, kerzentragenden Äpfli und Birnli und weiteren Ergebnissen moderner Basteltechnologie. Auf meinem Computerbildschirm thronte ein hämisch grinsender Weihnachtsmann, der im Begriff war, sich an den Reglern zu schaffen zu machen. Zum Protestieren kam ich nicht. »Reg dich nicht auf, Schatz, das kommt alles in den nächsten Tagen ins Wohnzimmer«, säuselte meine liebende Gattin, bevor ich auch nur den Mund aufmachen konnte. »Ist schon für Weihnachten.« Die Tannenzweige lagen noch unberührt auf dem Balkon. Allerdings waren sie schon leicht gelb und machten einen räudigen Eindruck.

Am Morgen des Heiligen Abends stand dann endlich doch ein Adventskranz auf dem Tisch – aus Moosgummi. Die Kerzen waren aus ebensolchem Material. »Ist doch brennbar«, erklärte die bisher einzige unserer Töchter die Abwesenheit echter Adventslichter. Aus meinem Arbeitszimmer waren alle Äpfli und Pyramiden verschwunden, sie bevölkerten jetzt Diele und Wohnzimmer. Dafür stolperte ich beim Betreten des Büros über einen Gummistapel. Die adventliche Dekoration hatte ausgedient und wurde in meinen Gefilden zwischengelagert. »Trägst du das bitte heute noch auf den Dachboden, Schatz?«, flötete meine liebende Gattin. »Du musst doch sowieso noch den Baumschmuck herunterholen.«

Das Weihnachtsfest verbrachte meine liebende Gattin verzückt inmitten ihrer bunten Dekoration, ein ums andere Mal die neuen Moosgummivorlagen studierend, die ihr Friederike geschenkt hatte. Die bisher einzige unserer Töchter freundete sich mit ihrem neuen Computerspiel an, das ich in letzter Minute für sie erstanden hatte, und würdigte ihr Moosgummi-Starterset zwei Tage keines Blickes. Angriff ist wirklich die beste Verteidigung, dachte ich mir, und verlebte ruhige Weihnachtstage in meinem Arbeitszimmer. Es ist kaum zu glauben, wie entspannt und produktiv es sich in moosgummifreien Zonen arbeiten lässt.

In der ersten Nacht nach Weihnachten stellte ich den Wecker. Um vier Uhr morgens stand ich auf. Während ich schlaftrunken, aber wild entschlossen alle Santa Clausis, Engel, Schneemänner, Nussknacker und Rudolf-Rentiere sowie diverse kleinere Accessoires aus Moosgummi einsammelte, zählte ich mit. Ich kam auf 53 Gummilappen in unterschiedlichsten Größen, die ich in einem großen Müllsack verstaute. Nur das andächtig nach dem Weihnachtsstern Ausschau haltende Waldtierensemble in den Balkonkästen ließ ich stehen. Es war zu kalt, um im Morgenmantel nach draußen zu gehen. Außerdem hatte meine liebende Gattin ein Tannengesteck aus Moosgummi derart mit Heißkleber an der Balkontür befestigt, dass sie nicht aufging.

Nachdem ich die Wohnung von den Altlasten befreit hatte, schlich ich auf Zehenspitzen in den Keller und steckte den Müllsack voller Gummiwaren in die von unserem vorausschauenden Vermieter kurz vor Weihnachten installierte Pellet-Heizung. Es puffte und stank ein wenig. Am nächsten Tag war der Schnee im Vorgarten mit einem bunten Film überzogen, aber das machte mir kein Kopfzerbrechen. Der Wetterbericht hatte weitere Schneefälle angekündigt.

Nach dieser nächtlichen Aktion schlief ich zufrieden und glücklich aus. Gegen Mittag stand ich auf, wohl gewappnet, beim Frühstückskaffee eine Tirade von Vorwürfen über mich ergehen lassen zu müssen. Doch weit gefehlt. Als ich das Wohnzimmer betrat, stürmte die bisher einzige unserer Töchter auf mich zu. Mit den Worten »Danke, Papa!« flog sie mir um den Hals. »Schön, dass du aufgeräumt hast.« Offenbar hatte meine Computerspiel-Abwehrstrategie gewirkt. Meine liebende Gattin lächelte vielsagend. Die Klebepistole in ihrer rechten Hand dampfte, als sie sich mir näherte. Die linke Hand hatte sie hinter ihrem Rücken versteckt. Als ich gerade zur Seite springen wollte, streckte sie sie mir entgegen. »Hübsch, nicht wahr? Hängst du den Osterhasen bitte über die Wohnungstür, Schatz? Da oben komme ich nämlich nicht ran.«

Weihnachten ist voller Traditionen. Dazu gehören zum Beispiel der Familienstreit beim Schmücken des Weihnachtsbaums, die Tränen bei der Bescherung, weil die neue Puppe die falsche Augenfarbe hat, und der nächtliche Anruf einer beschwipsten angeheiraten Tante. Beim Festessen allerdings scheiden sich die Geister. Während die einen Kartoffelsalat mit Würstchen servieren, bevorzugen die anderen feine Pastetchen. Wieder andere heizen das Fondue an. Nur in einem sind sich alle einig: Etwas anderes als das, was es immer schon gab, kommt nicht auf den Tisch. Niemals!

Ausgelachst oder: Der Triumph der Traditions-Forelle

Unsere Familie hält sehr viel von Traditionen. Eine dieser lieben Gewohnheiten besteht darin, dass am Heiligen Abend vor der Bescherung stets Forelle auf den Tisch kommt, nach einem Rezept meiner Urgroßmutter von mir selbst sorgfältig zubereitet.

Im vergangenen Jahr jedoch disponierte meine liebende, aber leider zuweilen etwas sprunghafte Gattin kurz vor dem Weihnachtsfest spontan um. »Wollen wir am Heiligen Abend nicht mal etwas anderes essen?«, fragte sie mich unvermittelt während des Frühstücks. Offenbar hatte sie

in unserer örtlichen Tageszeitung soeben ein Sonderange-
bot entdeckt. »In jedem Jahr Forelle, findest du das auf die
Dauer nicht auch langweilig?«

In dieser Form gestellte Fragen meiner liebenden Gattin
fallen in die Rubrik »kategorischer Imperativ«. Mein zag-
haft vorgetragener Hinweis auf die langjährige Familien-
tradition verfing daher nicht. »Unserer Tochter hängt die
ewige Forelle auch schon lange zum Hals raus«, bedeutete
sie mir, »und außerdem tut uns etwas Abwechslung an
Heiligabend auch mal ganz gut. Wir essen Lachs!« Derart
schlagenden Argumenten beuge ich mich traditionell: Am
selben Nachmittag noch erwarb ich in der Feinkostabtei-
lung des örtlichen Supermarkts meines geringsten Misstrauens ein schönes Stück geräucherten Edelfisch aus schot-
tischer Zucht, eingeschweißt in stabilen Kunststoff und
daher hinreichend lange haltbar.

Am Heiligen Abend schnitt ich den Lachs auf. Er mun-
dete uns köstlich. Meine selbst zubereitete Meerrettichsah-
ne harmonierte prächtig mit dem edlen Aroma des Fisches.
Wir langten alle ordentlich zu. Nur einmal wagte ich einen
leicht wehmütigen Hinweis auf unsere traditionelle Forelle.
Diesen kommentierte allerdings die auf beiden Backen
kauende bisher einzige unserer Töchter nur knapp mit der
Bemerkung, Lachs schmecke viel besser und habe außerdem viel weniger Gräten. Sie ist trotz ihres zarten Alters
bereits ein sehr praktisch denkender Mensch. Den restlichen Abend verbrachten wir dann ganz traditionell in trau-
ter Familieneintracht unter dem Weihnachtsbaum.

Am zweiten Weihnachtstag stand, auch das hat eine lange Tradition, die Rundreise durch die engste Verwandt-
schaft auf dem Programm. Zunächst fuhren wir wie immer
zum Mittagessen zu meiner ökologischen Schwiegermutter

und ihrem Lebensgefährten. Nach der Bescherung, die aus verständlichen Gründen vor dem Weihnachtsschmaus vonstatten gehen musste, setzten wir uns erwartungsfroh an den Tisch. Stolz trug meine ökologische Schwiegermutter eine große Platte herein. »In diesem Jahr gibt es mal keine Gans!«, verkündete sie mit hörbarem Stolz in der Stimme und stellte einen zartrosa leuchtenden, schonend gedünsteten Lachs auf den Tisch. »Garantiert natürlich«, ermunterte sie uns zum Zugreifen. »Aus geheimen Fanggründen im unzugänglichen Hochland Nordkanadas. Selbstverständlich lebend importiert.«

Der gedünstete Ökofisch schmeckte köstlich. Sein mildes Aroma passte vorzüglich zu den Grünkernbratlingen und dem Petersilienwurzelschaum. Meine liebende Gattin und ich aßen mehrere Portionen. Nur die bisher einzige unserer Töchter hielt sich zurück. Offenbar war ihr angesichts des großmütterlichen Geschenks, eines Mini-Gewächshauses mit Dinkelsaat und integrierter handbetriebener Getreidemühle, der Appetit vergangen. Wir ignorierten das. Um so mehr würde sie sicher beim Abendessen zulangen, das wie immer im Hause meiner Eltern stattfinden sollte.

Dorthin begaben wir uns nach dem schwiegermütterlichen Weihnachtskaffee. Uns erwartete eine leckere Barbarie-Ente in Orangensauce, wie es sie stets am zweiten Weihnachtstag bei meinen Eltern gibt. Nach der reichlichen Bescherung unserer Tochter, diesmal mit appetitfördernden, weil ausnahmslos erwünschten Geschenken, ging es zu Tisch. Dieser war wie immer liebevoll gedeckt. Ungewöhnlich war nur, dass statt der üblichen Gedecke eine große Schale mit verschiedensten Brotsorten in der Mitte der Tafel prangte, daneben kleine Schälchen mit einer dunkelbraunen Soße.

»Wir dachten, in diesem Jahr sollte es mal etwas anders zugehen«, hob meine Mutter an, als sie mit zwei großen Platten aus der Küche kam. »Immer die viele Arbeit mit der Ente, das muss nicht sein, schließlich habe ich auch Weihnachten«, verkündete sie und platzierte Unmengen von herrlich duftendem Gravad Lachs auf der Tafel. »Guten Appetit!«, zwinkerte sie mir zu.

Das Abendessen wurde ein voller Erfolg. Ich nahm dreimal nach, so köstlich war der edle Fisch, der – wie mein Vater genüsslich betonte – etliche Wochen in nordschwedischer Erde verbracht hatte, um sein herrliches Aroma zu entfalten. Auch die Soße war ein Gedicht. Nur die bisher einzige unserer Töchter und meine liebende Gattin aßen recht wenig. Sie hätten am Nachmittag reichlich schwiegermütterlichen Müslistollen verdrückt, entschuldigten sie sich, der liege lange im Magen. Nach dem Essen klang der Weihnachtsabend mit Champagner aus, den mein Bruder Friedbert gegen den traditionell zwecklosen Widerstand unseres Erzeugers aus dem Keller geholt hatte.

Nach Weihnachten schwelgte ich noch mehrere Tage in verschiedenen Sorten Lachs. Meine liebende Gattin und die bisher einzige unserer Töchter hielten sich bei unseren eigenen und den reichlich mitgegebenen Resten auffällig zurück. »Man soll nicht übertreiben«, erklärte meine bessere Hälfte. Sie habe über die Weihnachtstage wieder einmal viel zu viel gegessen, daher wolle sie jetzt etwas kürzertreten. »Außerdem gibt es Silvester bei Wilfried und Friederike doch wieder diesen leckeren Fleischsalat«, merkte sie noch an. Der Salat unserer besten Freundin ist ein wahres Meisterwerk der Kalorienkunst.

Als wir am Silvesterabend bei unseren Freunden eintrafen, hatte Friederike bereits wie stets ein geheimnisvoll verhülltes Buffet aufgebaut. Zunächst ergötzten wir uns aber noch am traditionellen »Dinner for One«. Erst danach enthüllte Wilfried wie in jedem Jahr mit den Worten »Greift ordentlich zu« die Platten und eröffnete so das Mahl.

Es wurde ein gelungener Silvesterabend. Friederike hatte sich selbst übertroffen. Die Varietäten von geräuchertem, gedünstetem, getrocknetem, eingelegtem und gebratenem Lachs waren köstlich. Alle Gäste griffen zu, dass es eine wahre Freude war. Nur meine liebende Gattin und die bisher einzige unserer Töchter kauten lange lustlos auf einem einzigen Stück Fisch herum. Eine plötzliche Unpässlichkeit meiner liebenden Gattin machte dann leider unseren verfrühten Aufbruch erforderlich.

Am Neujahrsmorgen war ich als einziger bereits recht früh auf den Beinen. Ich hatte mich gerade an den Frühstückstisch gesetzt und zwei Scheiben geräucherten Lachs auf mein Knäckebrot gelegt, als meine liebende Gattin hereinkam. Sie warf einen kurzen Blick auf meinen Teller und stürzte dann sofort mit einem leisen Aufschrei aus dem Esszimmer. Als sie sich nach einiger Zeit wieder zu mir gesellte, griff sie mit zitternden Händen nach einer Scheibe Zwieback und murmelte, während sie diese fingerdick mit Marmelade bestrich: »In diesem Jahr gibt es am Heiligen Abend wieder Forelle.« Nach dem Frühstück legte sie sich gleich wieder ins Bett.

Da sich meine liebende Gattin bereits am nächsten Tag deutlich besser fühlte, konnte ich gleich morgens zur Bank gehen. Die Feiertage hatten den Inhalt meiner Geldbörse ziemlich arg schrumpfen lassen. Guter Lachs, ökologischer zumal, ist teuer. Mein Vater, meine ökologische Schwiegermutter und Friederike hatten es nämlich unisono rundweg abgelehnt, für den von mir gewünschten Wechsel der

Speisenfolge auch noch aufzukommen: »Wenn du schon darauf bestehst, dass wir an allen Feiertagen Lachs essen, dann darfst du den auch bezahlen.«

Dafür kann ich mich in diesem Jahr wieder auf die Traditions-Forelle freuen. Und auf Gans und Ente. Nur Silvester werden wir wohl im trauten Familienkreis feiern müssen. Neulich kam nämlich meine liebende Gattin mit missmutigem Gesicht vom Einkaufen nach Hause. Wie es der Zufall wollte, war ihr vor dem örtlichen Supermarkt Friederike über den Weg gelaufen. Bepackt mit Varietäten vom Lachs.

In vielen Fernsehkrimis spielen die Polizis-
ten das Spiel »Guter Bulle, böser Bulle«:
Während der eine den Verdächtigen mit
Kaffee und Plätzchen verwöhnt, prügelt der
andere den Gangster zum Geständnis. Die-
ses Spiel ist, wie so manches im Fernsehen,
natürlich geklaut. Nikolaus und Knecht
Ruprecht machen das nämlich schon immer
so: Der Rauschebart belohnt gute Taten mit
Süßwaren, der schwarze Geselle ahndet
Straftaten mit Rutenhieben. Und bekommt
dafür, weil die lieben Kleinen zu viele Kri-
mis gesehen haben, genau wie der böse Bul-
le gelegentlich selbst Prügel.

Wie der Knecht Ruprecht zu einem Gehgips kam

In jedem Jahr werde ich spätestens Mitte November ziemlich nervös, dann nämlich, wenn mir bewusst wird, dass
wieder einmal der sechste Dezember vor der Tür steht.
Zwar wird der Nikolaustag bei uns nicht sehr aufwendig
begangen, aber seit sie weißbärtige Gestalten in roten Kapu-
zenmänteln mit Lebkuchen und Schokolade in Verbindung
bringen kann, besteht die bisher einzige unserer Töchter
alljährlich darauf, dass wenigstens ein bisschen an den alten Rauschebart erinnert wird.

Auch im vergangenen Jahr machte ich mir daher schon
frühzeitig Sorgen, was mir wohl blühen würde. Schließlich

erinnert mich meine liebende, aber leider mit einem etwas zu guten Gedächtnis ausgestattete Gattin immer wieder gern schelmisch grinsend an jenen denkwürdigen Nikolaustag, an dem ich beim Hereinkommen über den Mantel stolperte und mir mit der Rute eine Platzwunde am Kopf zuzog. Seither verwenden wir leichte Plastikruten anstelle der robusten Biozweige meiner ökologischen Schwiegermutter. Ganz besonders ungern erinnere ich mich auch an einen Nikolaustag vor etlichen Jahren, als mir beim Wühlen im Sack die Sehne des Mittelfingers riss.

»In diesem Jahr spiele ich den Nikolaus nicht«, erklärte ich also meiner liebenden Gattin und der bisher einzigen unserer Töchter Mitte November, lautes Protestgeschrei erwartend. Zu meiner Überraschung blieb es aus. »Brauchst du auch nicht, Papa«, quiekte unser Nachwuchs spontan, »das macht Wilfried, der muss das sowieso wegen Michael und Peter.« Michael und Peter sind die Söhne von Wilfried und Friederike, unseren besten Freunden. Erleichtert atmete ich auf. »Und du gibst den Knecht Ruprecht!«, erklärte meine liebende Gattin mit jener Stimme, die keinen Widerspruch duldet. »Schließlich bist du deutlich kleiner als Wilfried.«

Gegenwehr war zwecklos, also ergab ich mich in mein Schicksal. Am Nikolaustag ließ ich mir das Gesicht tiefbraun schminken, zog eine uralte Hose und eine geflickte Jacke an und setzte einen abgewetzten Hut auf. So ausstaffiert stieg ich mitsamt meiner liebenden Gattin und der bisher einzigen unserer Töchter, einer widerstandsfähigen Rute aus echten Zweigen – stundenlange Diskussionen mit meiner ökologischen Schwiegermutter hatten mich zermürbt – und einigen Päckchen in die familiäre Kombilimousine. Eine ganz und gar rot gewandete Gestalt mit weißem Rauschebart winkte uns fröhlich hinterher. Nachbar Schmidtke war auf dem Weg zur Nikolausfeier seines Versicherungsbüros.

Als wir bei Wilfried und Friederike eintrafen, dämmerte es bereits. Wilfried, noch halb in Zivil, fing mich an der Tür ab und zog mich in einen dunklen Teil des Flurs, während meine liebende Gattin und die bisher einzige unserer Töchter schon in die Wohnung gingen.

»Du«, sagte Wilfried zu mir, »tolles Kostüm, echt! Aber so geht das nicht. Das ist viel zu furchterregend. Du weißt doch, dass Peterle so schreckhaft ist.« Fast gleichzeitig fing er an, mit einem Taschentusch mein Gesicht abzuwischen, damit es etwas heller wurde. »So ist es besser.« Anschließend nahm er mir die Rute aus der Hand und ersetzte sie durch ein allerliebstes güldenes Zweiglein aus folienumhüllter Schokolade. Dann warf er sich den roten Mantel über, zog den Bart ins Gesicht und reichte mir den Jutesack. Als ich diesen schultern wollte, kugelte ich mir fast den Arm aus. »Ist er dir zu schwer?«, fragte Wilfried besorgt, als er meinen Gesichtsausdruck sah. »Du kennst doch meine Schwiegereltern, die müssen immer so übertreiben.« Mit vereinten Kräften hievten wir den Sack auf meinen Rücken und stapften nach oben.

Die Familie war vollständig im Wohnzimmer versammelt: Friederike, ihre Eltern, Wilfrieds Eltern, die Uromas und natürlich die beiden Kleinen. Kaum hatten Wilfried und ich den Raum betreten, da rannte das schreckhafte Peterle auf uns zu, brüllte »Papa, Papa!« und begann, rhythmisch gegen mein Schienbein zu treten. Wilfried hatte wohl doch nicht genug gewischt. Ich stellte ächzend den Sack ab und sicherte damit meine Beine. Inzwischen hatte Wilfried – bemüht, seine Autorität als Nikolaus so gut es ging zu wahren – mit tiefer Stimme begonnen, sein Verslein aufzusagen: »Von drauß' vom Walde ...« Weiter kam er nicht. Das schreckhafte Peterle hatte angefangen, den Sack zu plündern, offenbar weil es meine Beine nicht mehr erreichte. Meine Abwehrversuche scheiterten an der mangelnden Haltbarkeit des Goldzweigleins. Ich begann, die Mahnungen meiner ökologischen Schwiegermutter zu verstehen. Naturholz ist einfach stabiler als Schokolade.

Wilfrieds Jüngster hatte kaum das erste Päckchen aufgerissen, da klopften sich die versammelten Familienmitglieder bereits ob des Mutes und der Intelligenz des Bürschchens gegenseitig auf die Schultern. Ich hätte gern mitgemacht, aber leider zielte just in diesem Moment der kleine Michael mit einer furchterregenden Wasserpistole aus dem Jahr 3471 auf mich. Sie war gefüllt, wie ich Sekunden später feststellen konnte. Der Strahl traf mich genau auf die Stirn. Augenblicklich lief mir die Schminke in die Augen, bahnte sich dann einen Weg über mein Gesicht und die Falten meiner Jacke und tropfte schließlich auf den Teppich. Im Ausweichen stolperte ich über einen hinter mir liegenden Läufer und fiel rücklings auf den Boden. Anschließend stürzte der Sack um und begrub mich fast zur Hälfte. Die versammelte Nikolausgesellschaft applaudierte frenetisch, als das schreckhafte Peterle und der kleine Michael sich auf mich stürzten und mich mit ihren funkelnagelneuen Ritterschwertern aus Hartplastik malträtierten.

Zwei Wochen später wurde ich mit einem Gehgips nach Hause entlassen. Ich schwor mir, nie wieder Nikolaus oder Knecht Ruprecht zu spielen.

Seit einigen Tagen allerdings mache ich mir ernsthafte Sorgen, ob ich den Schwur halten kann. In unserem Wohnzimmer liegen nämlich verdächtig nach einem Knecht-

Ruprecht-Kostüm aussehende Kleidungsstücke herum. Außerdem murmelte Friederike bei ihrem letzten Besuch etwas wie »dann bis übermorgen.«

Wie ich meine liebende Gattin kenne, kriegt sie mich auch dieses Jahr wieder herum. Eine Bedingung werde ich aber stellen: Meine ökologische Schwiegermutter besorgt die Rute. Und ich bestehe auf naturbelassenem Eichenholz. Schließlich ist Wilfrieds Jüngster jetzt ein Jahr älter.

Der moderne Deutsche blickt nach vorn und plant weit im Voraus. Er bucht zum Beispiel Urlaubsreisen ein Jahr vor den nächsten Ferien und legt Vorräte für viele Monate an. Letzteres allerdings nicht ganz freiwillig, denn der moderne Supermarkt blickt ebenfalls nach vorn und plant weit im Voraus. Er füllt zum Beispiel seine Regale schon Anfang September mit Adventsleckereien, damit ab Ende Dezember genug Platz für die Osterartikel zur Verfügung steht. Da sich dieses Verfahren sehr bewährt hat, wurde es von vielen anderen Händlern übernommen.

Weihnachtshäslein unter Christforsythien

Es begab sich an einem schönen Septembertag, dass ich beim Betreten des örtlichen Supermarkts meines geringsten Misstrauens dem Weihnachtsmann in die Arme lief. Reichlich unfair nutzte er meine Überraschung aus, drückte mich zuerst mit einem lauten »Ho, ho, ho!« an seine wattierte Brust und mir sodann ein Probepäckchen Weihnachtsschokolade in die Hand. Dann entließ er mich aus seinen Fängen, nicht ohne mir zuvor noch mit seiner Rute einen leichten Schlag auf die Schulter versetzt zu haben.

Im Supermarkt wurde mir schlagartig die Bedeutung dieses verfrühten Weihnachtsmanns klar: Wo noch bis vor wenigen Tagen das normale Sortiment an Süßigkeiten, Knabbereien und Gummibärchen zu finden gewesen war, warteten nun Regale voller Aachener Printen, Lübecker Marzipankugeln und Dresdner Miniaturstollen. Auch ganze Heerscharen allerliebst anmutender Schokoladenminiaturen des am Eingang wartenden freundlichen Santa Claus hatte der umsichtige Betreiber unseres Einkaufszentrums aufgeboten. Während die Klimaanlage des Supermarkts auf Hochtouren lief – es war ein ungewöhnlich warmer Spätsommertag mit strahlend blauem Himmel –, balgte sich um die Regale mit den Adventsleckereien eine Horde ihren Müttern entsprungener Kleinkinder.

Ich erledigte meine Einkäufe in aller Eile und verließ dann fluchtartig den Supermarkt. Zu Hause angekommen, erzählte ich meiner liebenden Gattin von dem Erlebnis. »Du Dummerchen«, lachte sie mich an, »das ist doch normal.« Sie selbst habe vorsorglich bereits eine Woche zuvor einen kleinen Vorrat an Adventsleckereien angelegt. »Wenn du erst im Dezember daran denkst, ist es zu spät, dann sind die Regale schon lange leer.« Wenn ich noch weitere Wünsche für die Adventszeit haben sollte, riet sie mir, müsse ich unbedingt in den nächsten Tagen losgehen. Natürlich ging ich nicht. Schokoladenweihnachtsmänner im September, wo kommen wir da hin!

Mitte Oktober wurde ich das nächste Mal zum Einkaufen geschickt. Von weitem bemerkte ich bereits, dass irgend etwas anders war als sonst. Und richtig: Als ich auf dem Parkplatz angekommen war, stellte ich fest, dass dort, wo ich üblicherweise die familiäre Kombilimousine abstelle, eine große Anzahl Nadelhölzer stand, über denen das Schild »Weihnachtsbäume täglich frisch« prangte. Manche Kunden trugen in Netze gezwängte Exemplare in ihre

Autos. Aus den Einkaufstaschen, die sie bei sich trugen, blitzten Glaskugeln und Silbersterne in der Sonne eines klaren Altweibersommertags.

Daheim klärte meine liebende Gattin mich auf. »Man kann sich gar nicht frühzeitig genug um einen ordentlichen Weihnachtsbaum kümmern, Schatz, das sage ich dir doch schon seit Jahren. Am besten gehst du auch in den nächsten Tagen los, sonst musst du wieder zu Erwin fahren und eine dieser ordinären Weihnachtsfichten kaufen.« Erwin ist einer unserer guten Bekannten, lebt auf dem Land und hat einen großen Garten mit vielen Tannenbäumen in verschiedenen Größen. »Spätestens ab Ende November gibt es keine vernünftigen Bäume mehr«, setzte meine liebende, aber leider zuweilen etwas voreilige Gattin noch hinzu. Natürlich folgte ich ihrem Rat nicht. Ich kann es nun einmal nicht leiden, dass im Oktober ein Weihnachtsbaum auf dem Balkon auf seinen Einsatz wartet.

Mitte November – Nachbar Schmidtke hatte bereits die Tanne vor seinem Haus mit mehreren hundert elektrischen Kerzen geschmückt – kehrte meine liebende Gattin freudestrahlend vom Einkaufen zurück. »Denk dir, ich habe echtes Lametta bekommen!«, rief sie mir schon von der Treppe aus zu. »Nicht diese Plastikfäden.« Auch richtige Glaskugeln habe sie im Supermarkt gesehen, aber dafür sei ich zuständig. »Beeil' dich, bis Anfang Dezember sind die bestimmt alle weg.« Natürlich fuhr ich nicht. Draußen leuchtete eine milde Novembersonne, und ich sollte Christbaumkugeln kaufen. Lächerlich!

Drei Tage vor Heiligabend machte ich mich auf den Weg, um noch diverse Kleinigkeiten zu besorgen, unter anderem einige Weihnachtsmänner aus Schokolade, ein wenig Baumschmuck und – natürlich – einen Weihnachtsbaum.

Allüberall in der Stadt blitzten Kerzen. Aus den Geschäften erklang leise Musik. Der örtliche Supermarkt leuchtete ebenfalls in den schönsten Farben.

Dort, wo man in den vergangenen Monaten Tannenbäume feilgeboten hatte, parkten Autos. Kein Baum weit und breit. Eiligen Schrittes betrat ich den Supermarkt und begab mich in die Süßwarenabteilung. Gummibärchen, Schokoriegel und Pfefferminzdragees grinsten mich an. Keine Weihnachtsmänner. Kein Baumschmuck. In einer Ecke lagerten Luftschlangen und Tischfeuerwerk.

Den weiteren Nachmittag verbrachte ich damit, sämtliche Supermärkte der heimischen Region anzufahren. Überall bot sich das gleiche Bild: keine Weihnachtsmänner, kein Baumschmuck. Von Tannenbäumen ganz zu schweigen.

Verzweifelt fuhr ich zu Erwin, um wenigstens noch einen Baum zu ergattern. Er zuckte nur bedauernd mit den Schultern. »Die sind alle schon seit November weg«, sagte er. »Versuch's doch mal in der Gärtnerei zwei Straßen weiter, vielleicht haben die noch welche.«

Sie hatten nicht. Statt dessen prangte ein großes Schild über der Eingangstür, auf dem ein Hinweis auf soeben frisch eingetroffenes Frühjahrsgrün stand: »Rechtzeitig an Ostern denken!«

Den Heiligen Abend verbrachten meine liebende Gattin, die bisher einzige unserer Töchter und ich neben einem festlich geschmückten Forsythienstrauch, unter dem sich allerliebste, fabrikfrische Weihnachtshäslein aus feinster Schokolade tummelten. In Ermangelung der Christbaumkugeln hatte ich einige ausgeblasene Eier silbern und gülden angemalt, die nun hell im Schein der Kerzen erstrahlten. Die bisher einzige unserer Töchter maulte zwar, unser Wohnzimmer sehe gar nicht weihnachtlich aus, gab sich dann aber schnell der Beschäftigung mit ihren Geschenken hin, darunter eine CD mit munteren Frühlingsliedchen.

Als wir später am Abend im Bett lagen, grinste meine liebende Gattin mich an, kurz bevor sie das Licht ausknipste: »Siehst du, Schatz, so ist das. Wer nicht hören will, der muss eben fühlen.« Sie hauchte mir einen Kuss auf die Wange. Dann wurde sie ernst: »Nächstes Jahr gehst du aber bitte gleich nach Ostern los und besorgst die Weihnachtssachen. Wer weiß, ob du immer das Glück hast, dass es so kurz vor Weihnachten noch Forsythiensträucher gibt.«

Die Bibel erwähnt sie zwar nicht ausdrücklich, aber in der allerersten Heiligen Nacht waren Ochs und Esel hautnah dabei. Da in modernen Privatwohnungen die Nutztierhaltung weitestgehend abgeschafft ist, können sie mittlerweile allerdings nur noch als Miniaturen in der Krippe mit uns Weihnachten feiern. An ihrer Stelle müssen sich heutzutage Katzen, Kanarienvögel, Hunde und allerlei anderes Kleingetier an Weihnachtsbaum und Lichterglanz erfreuen. Zum Dank dafür, dass sie das fast immer ohne Murren ertragen, gibt es für sie natürlich auch eine schöne Bescherung.

Die gesprenkelte Pudeldame
oder: 192 Türchen bis Heiligabend

Meine Ruhe fand ein jähes Ende. Ein fröhliches »Wir sind wieder da!« drang wenige Tage vor dem Ersten Advent an mein Ohr, kaum dass ich mich in meinem Sessel niedergelassen hatte, um nach einem anstrengenden Tag in der Redaktion ein wenig zu entspannen. Kurz vor dem Jahresende ist immer recht viel zu tun, da mache ich gern nach der Arbeit ein kleines Nickerchen. Man ist ja nicht mehr der Jüngste.

Ein kräftiges »Wuff!« weckte mich vollends. Vor mir stand Mäxchen, wedelte aufgeregt mit dem Schwanz und bellte mich fröhlich an. Mäxchen heißt mit vollem Namen

Maximiliane von Meyer zu Aschendorff, ist die junge Pudeldame der bisher einzigen unserer Töchter und genau wie ihr Frauchen den Flegeljahren noch nicht entwachsen. »Wir kommen vom Einkaufen«, rief meine liebende Gattin mir vom Flur aus zu, während die bisher einzige unserer Töchter ins Wohnzimmer stürmte: »Papa, du glaubst nicht, was wir für Mäxchen gekauft haben!«

Nun gibt es meiner Erfahrung nach nichts, was man jungen Hunden nicht kaufen könnte – Mäxchen besitzt sogar eine eigene Zahnbürste, von diversen Kuscheltieren ganz zu schweigen. Lediglich die Finanzierung eines Hunde-Deodorants konnte ich erfolgreich verweigern. Es empfiehlt sich jedoch aus pädagogischen Gründen, jungen Menschen stets mit Interesse zu begegnen. Außerdem hat ein solches Verhalten, besonders wenn es gegenüber weiblichen Mitgliedern der eigenen Familie an den Tag gelegt wird, eine stark friedenssichernde Wirkung. »Was denn, mein Schätzchen?«, beeilte ich mich also, liebevoll zurückzuflöten.

»Einen Adventskalender«, strahlte die bisher einzige unserer Töchter und streckte mir ein etwa einen Quadratmeter großes Gebilde aus Plastik entgegen, in dem sich die üblichen 24 Türchen befanden. Zwei herzallerliebste rosa Pudel vor einem knallbunten Weihnachtsdekor lachten mich mit großen Knopfaugen an. Darunter wedelte Mäxchen immer noch mit dem Schwanz, offensichtlich bemüht, ebenso herzallerliebst auszusehen wie ihre gedruckten Artgenossen. Es gelang ihr nicht ganz. Erstens ist sie nicht rosa, sondern sofa-beige, und zweitens schielt sie. Allerdings nur ein wenig.

Mein spontan vorgetragener Einwand, Schokolade sei nicht gut für Hunde, verfing nicht. »Ist doch nichts Süßes drin, du Dummerchen!«, tadelte mich meine liebende Gattin, die inzwischen ebenfalls ins Wohnzimmer gekommen war. »Nur gesunde Sachen: Mineral-Cracker, Vitamin-Brocken, Vollwert-Crunchies«, zählte sie auf. »Mäxchen soll sich doch auch auf Weihnachten freuen«, kam die bisher einzige unserer Töchter meinem Einwand zuvor, dass ein Hund wohl wenig mit einem Adventskalender anfangen könne. »Ist ja schließlich ihr erstes.«

Angesichts solcher Logik verkniff ich mir die Frage, ob Mäxchen schon ihren Wunschzettel für Weihnachten geschrieben habe. Statt dessen ging ich in den Keller, um Hammer und Nägel zu holen. Für grobmotorische Tätigkeiten wie das Aufhängen von Adventskalendern bin trotz aller Fortschritte bei der Gleichstellung der Geschlechter immer noch ich zuständig.

Einige schiefe Nägel später hing Mäxchens Adventskalender genau in der passenden Höhe an der entlegensten Wand im Flur. Das Aufhängen an einem prominenteren Platz hatte ich verweigert. Meine ökologische Schwiegermutter, die in der Adventzeit häufig bei uns zu Gast ist, zeigt üblicherweise wenig Verständnis für dekorative Plastik-Accessoires wie zum Beispiel Moosgummi-Schneemänner oder Hunde-Adventskalender.

Am 1. Dezember riss mich um sechs Uhr früh ein fröhliches »Wuff!« aus dem Schlaf. Kurz darauf stürzte die bisher einzige unserer Töchter ins Schlafzimmer: »Papa, du glaubst nicht, was ich Mäxchen beigebracht habe!« Bevor ich ihr mitteilen konnte, dass ich schon aus Prinzip vor der ersten Tasse Kaffee überhaupt nichts glaube, zerrte sie mich aus dem Bett und schleppte mich zum Adventskalender. Das erste Türchen war geöffnet, eine sichtlich stolze Mäxchen saß daneben und kaute auf beiden Backen. »Sie hat das Türchen ganz allein aufgemacht«, strahlte mich die bisher einzige unserer Töchter an, während sie Mäxchen zur Belohnung liebevoll und ausgiebig streichelte. »Guten Morgen, Papa!«

Als ich nach dem Frühstück zurück ins Schlafzimmer ging, um mich anzukleiden, saß Mäxchen immer noch zufrieden neben dem Adventskalender und kaute auf beiden Backen. Der auf das Wohlergehen unseres Hundes bedachte Hersteller hatte offenbar für zahngesunde Inhalte gesorgt. Ich meinte zwar, im Vorbeigehen aus den Augenwinkeln gesehen zu haben, dass mittllerweile drei weitere Türchen des Adventskalenders geöffnet worden waren. Aber zu solch früher Stunde neige ich gelegentlich zu Halluzinationen, das behauptet zumindest meine liebende Gattin, deshalb schenkte ich dem keine weitere Beachtung.

Ich kämpfte gerade mit dem obersten Hemdknopf, da erklang ein durchdringendes »Mäxchen, du Biest!«, gefolgt von einem leicht panischen »Schatz, kommst du bitte mal?« Wenn meine liebende, aber leider zuweilen zur Ungeduld neigende Gattin diese Frage stellt, lässt man besser Hemdknopf Hemdknopf sein und eilt zu ihr. Sie stand neben dem Adventskalender und bemühte sich, Mäxchen von den beiden herzallerliebsten Knopfaugen-Pudeln wegzuzerren. Die junge Hundedame war mittlerweile beim Türchen mit der Nummer 24 angekommen – und kaute immer noch zufrieden auf beiden Backen.

»Mäxchen kann zählen«, freute sich die bisher einzige unserer Töchter, erntete dafür aber nur einen strafenden Blick ihrer Mutter. Ich entfernte den Hund aus dem Flur, packte den geplünderten Adventskalender in die Gelbe Tonne, kleidete mich rasch an, trank hastig noch eine Tasse Kaffee und flüchtete in die Redaktion. Während ich die Treppe hinunterlief, hörte ich noch, wie meine liebende

Gattin etwas sagte wie »Schätzchen, natürlich kaufen wir Mäxchen einen neuen.«

Als ich am Abend nach Hause kam, stand die bisher einzige unserer Töchter am Herd und bereitete Spaghetti zu. Meine liebende Gattin saß in ihrem Lieblingssessel und warf mir ein leidendes »Hallo, Schatz!« zu. Ihren linken Daumen zierte ein großes Pflaster. »Mama hat den neuen Adventskalender aufgehängt«, strahlte unser Nachwuchs mich an. »Jetzt kommt Mäxchen da alleine nicht mehr ran. Tach, Papa!«

Und tatsächlich: Zwei neue rosa, aber vor allem wiederum herzallerliebste Knopfaugen-Pudel zierten die entlegenste Wand unseres Flurs. Allerdings hingen sie ein gutes Stück höher als ihre Vorgänger. Das erste Türchen war geöffnet. Darunter saß Mäxchen, um herzallerliebstes Aussehen bemüht und auf beiden Backen zufrieden kauend.

In den Tagen darauf kehrte in unserem trauten Heim adventliche Ruhe ein. Jeden Morgen schlich die bisher einzige unserer Töchter auf Zehenspitzen in den Flur, stellte einen Hocker unter den Adventskalender, nahm diesen von der Wand und hängte ihn ein Stück weiter unten wieder auf, genau vor der Nase von Mäxchen, die ihr nicht von der Seite gewichen war. Dann öffnete Fräulein von Meyer zu Aschendorff das richtige Türchen, nahm ihre Leckerei heraus und kaute fröhlich auf beiden Backen, während Frauchen den Adventskalender wieder an seinen Platz in sicherer Höhe beförderte. Das alles geschah so leise, dass ich von den Aktionen nicht aufwachte. Die morgendliche Stille war himmlisch.

Bis zum Nikolaustag. Ein dumpfes »Plonk!«, auf das kurz darauf ein schrilles »Mäxchen, du Biest!« folgte, ließ mich schlagartig aus den Federn springen. Als ich aus dem

Schlafzimmer trat, saß eine unschuldig dreinblickende, auf beiden Backen kauende Pudeldame neben dem am Boden liegenden Adventskalender, dessen sämtliche Türchen geöffnet waren. Die bisher einzige unserer Töchter stand daneben und räumte gerade den Hocker an die Seite, den Mäxchen unter den Adventskalender geschoben hatte, um an die Leckereien zu kommen. Ich schloss den Hund im Bad ein, trank rasch eine Tasse Kaffee, zog mich hastig an, packte den Adventskalender in die Gelbe Tonne und flüchtete in die Redaktion. Kurz bevor ich die Tür hinter mir zuzog, vernahm ich, wie meine liebende Gattin der bisher einzigen unserer Töchter etwas zuflüsterte. Es klang wie: »Natürlich kaufen wir einen neuen.«

Die Aussicht auf weitere frühmorgendliche Ruhestörungen bis zum Heiligen Abend ließ mir den ganzen Tag über keine Ruhe. Auf dem Heimweg fiel mir schließlich die Lösung ein: Eine nachhaltige pädagogische Maßnahme musste her. Also fuhr ich kurzerhand zum örtlichen Supermarkt meines geringsten Misstrauens und erstand einige Dosen Katzenfutter sowie eine große Tube extrascharfen Senf. Den Abend verbrachte ich dann damit, heimlich die Mineral-Cracker, Vitamin-Brocken und Vollwert-Crunchies aus Mäxchens neuem Adventskalender zu entfernen und ihn mit dem Katzenfutter neu zu bestücken. Hinter jedes Türchen gab ich noch einen ordentlichen Klecks Senf. Kurz vor dem Zubettgehen stellte ich außerdem den Hocker, den meine liebende Gattin vorsorglich entfernt hatte, wieder in den Flur.

In aller Herrgottsfrühe weckte mich ein dumpfes »Plonk!«. Als das fällige »Mäxchen, du Biest!« erklang, begab ich mich in den Flur. Neben dem auf dem Boden liegenden Adventskalender saß Mäxchen, gelb gesprenkelt, herzallerliebst anzusehen – und auf beiden Backen kauend. Ich hatte offenbar einen oder zwei Mineral-Cracker übersehen. Es roch nach Fisch in Senfsoße.

Nachdem ich unter den durchdringenden Blicken der drei weiblichen Mitglieder meiner Familie die Krümel zusammengefegt und den Adventskalender in die Gelbe Tonne gepackt hatte, badete ich den Hund, putzte Mäxchen und mir die Zähne, trank hastig eine Tasse Kaffee und kleidete mich rasch an. Dann wurde ich der Wohnung verwiesen. Als ich aus der Haustür trat, hörte ich noch, wie meine liebende Gattin mir nachrief: »Komm mir ja nicht ohne neuen Adventskalender nach Hause!«

Bis zum Heiligen Abend verbrauchten wir noch fünf weitere Knopfaugen-Pudelpaare vor knallbuntem Weihnachtsdekor. Mehr wurden es nicht, weil sich Mäxchen kurz vor dem Weihnachtsfest völlig überfressen hatte und der letzte Adventskalender von weiteren Attacken verschont blieb. Zum Dank für soviel Disziplin schenkte ich ihr zu Weihnachten ein Hunde-Deodorant. Natürlich das mit dem aparten Rindfleischduft. Es hatte ganz oben auf Mäxchens Wunschzettel gestanden.

Allen Lesern, die sich nicht vorstellen können, dass es Adventskalender für Hunde tatsächlich gibt, versichere ich: Es gibt sie! Ich habe sie mit eigenen Augen in nicht nur einem Supermarkt gesehen. Gekauft allerdings habe ich einen solchen Adventskalender noch nicht – wir besitzen keinen Hund. Deshalb erfolgt an dieser Stelle noch einmal der Hinweis, dass Ähnlichkeiten der Figuren in dieser und allen anderen Geschichten mit tatsächlich existierenden Personen oder Pudeln rein zufällig und nicht beabsichtigt sind. Zumindest nicht alle.